中華書局

香港史讀本

劉智鵬教授　劉蜀永教授　著

□ 責任編輯：黎耀強
□ 裝幀設計及排版：甄玉瓊
□ 印　　務：劉漢舉

香港史讀本

□
著者
劉智鵬　劉蜀永

□
出版
中華書局（香港）有限公司
香港北角英皇道 499 號北角工業大廈一樓 B
電話：(852) 2137 2338　傳真：(852) 2713 8202
電子郵件：info@chunghwabook.com.hk
網址：http://www.chunghwabook.com.hk

□
發行
香港聯合書刊物流有限公司
香港新界荃灣德士古道 200 - 248 號
荃灣工業中心 16 樓
電話：(852) 2150 2100　傳真：(852) 2407 3062
電子郵件：info@suplogistics.com.hk

□
版次
2024 年 6 月初版
2024 年 10 月第二次印刷
© 2024 中華書局（香港）有限公司

□
規格
16 開（210 mm×150 mm）

□
ISBN：978-988-8860-70-8

序

　　本書是香港歷史的普及讀物，雖然並非嚴格意義上的學術著作，但內容建基於編者積累多年的香港史研究成果，是學術知識轉移為大眾讀物的作品。

　　本書以深入淺出的編寫手法，交代香港歷史的重要篇章，包括香港的歷史淵源、香港人從何而來、香港與國家的關係、影響香港的重大歷史事件等。

　　人不可以無家國，國家不可以無史；閱讀歷史是認識家國和認識自己的好方法。編者衷心希望，本書的面世可以為有興趣認識香港歷史的讀者，從一個新的角度，提供一本既有水平又易於閱讀的香港歷史讀本。

目　錄

香港的社會變遷

第一章 英佔以前的香港

1841年4月，英國外交大臣巴麥尊（Lord Palmerston）稱香港島為「幾乎沒有人煙的荒島」。當代英國學者安德葛（G. B. Endacott）也說：「香港歷史的實際開端是在1841年英國人到來的時候。」提起香港的起源，總有人說香港以前是個小漁村。歷史事實果真如此嗎？讓我們來一起探究！

第一節 香港地名的由來

香港是一個享譽全球的國際大都會，但「香港」作為地名是什麼時候才出現在史籍中呢？根據澳門和廣東學者的最新研究成果，迄今為止，已發現的記載香港這一地名的歷史文獻中，時間最早的是明朝萬曆十九年（1591年）宋應昌所著《全海圖註》。該書所載〈廣東沿海圖〉中，標有香港等地名。

關於香港地名的由來，至今仍無十分確鑿的史料可為依據。一些學者對這個問題作過種種考證，形成了眾說紛紜的局面。主要說法有以下幾種：因「香姑」而得名；因販運香木而得名；因泉水甘甜而得名。

宋應昌《全海圖註》所載〈廣東沿海圖〉中的「香港」（原載澳門基金會組織編撰的《〈全海圖註〉》研究》）

一、因「香姑」而得名

據傳，香姑是清朝嘉慶年間出沒於伶仃洋面的海盜林某之妻。林被李長庚擊敗，後來死在台灣。香姑遂佔據現在這個海島，人們因此稱該島為香港。許地山教授認為：「這話有點靠不住，因為時代太近，加以用海盜底名字來作地名，在國史裏也不經見。」

二、因販運香木而得名

此說始於永言的〈香港地名考〉一文，刊載於1948年出版、黎晉偉主編的《香港百年史》一書。他認為：「名曰『香港』之小海港，以運香木出口而著名。」他還具體寫出了運送香木的路線：「自來東莞南部及今新界所產之香，恒在尖沙頭（今尖沙咀）之香埗頭（當今運香木出口之舊式碼頭），用小舟載至石排灣（今香港仔）附近之小港，名香港者，然後改用艚船（大眼雞船）轉廣州城，遵陸而北，逾南雄嶺直達江蘇省蘇松一帶。」

明至清初，東莞、新安沿海一帶盛產莞香，尖沙咀曾為香木出口地等說法，都是有根有據的。可是，永言未能說明香木由尖沙咀經石排灣之香港仔轉運廣州這條航線的資料來源，是依據文獻記載還是口頭傳說呢？為何不徑直由尖沙咀運往廣州，反而捨近求遠，繞道石排灣的香港仔轉運？

三、因泉水甘甜而得名

最早提出此說的是英文雜誌《中國叢報》（*Chinese Repository*）1843年8月號。該雜誌在〈香港地形簡介〉一文中寫道：「香港——Fragrant Streams，本是該島南部一條小溪的名字，外國人將其作為整個海島的名稱。」

中文資料方面，最早涉及香港地名由來的，是香港英華書院印刷發行的雜誌《遐邇貫珍》。1853年8月1日出版的該刊第

香港仔附近的瀑布（約 1816 年的水彩畫）。十九世紀初來華貿易的外國商船多在此汲水飲用。

今日香港仔附近的瀑布灣公園。1863 年其上方薄扶林水塘建成後，瀑布水量大為減少。（曾憲明攝）

一卷第一號，在〈香港紀略〉一文中寫道：「溪澗紛紛噴流山泉，極其甘冽，香港必由此得名。」旅居香港的著名學者王韜亦採用此說。他主編的《循環日報》1874年6月24日這一期寫道：「香港以泉水得名，因其山中所出之泉色清而味甘，以鼻觀參之，微覺香冽。」

香港以泉水甘甜而得名的說法，可追溯到康熙二十七年《新安縣志》。該縣志卷三〈地理志·古蹟〉提到新安八景之一的「鰲洋甘瀑」時寫道：「鰲洋甘瀑，在七都大洋中，有石高十丈，四面鹹潮，中有甘泉飛，若自天而下。」鰲洋應是獨鰲洋，據嘉慶二十四年《新安縣志》，其位置在佛堂門和急水門之間。從縣志描述的景色和位置看，這個甘瀑就是港島香港仔附近的瀑布，在今天港島的瀑布灣公園。

第二節 香港的史前遺跡

在香港土地上，最早什麼時候開始有人類活動？大約六千至七千年前，龍鼓洲、港島春坎灣和南丫島大灣留下了人類活動的足跡。這是考古學界認為定年可靠的香港最早的一些史前遺址，也代表着環繞珠江口分佈的「大灣文化」。

在南丫島大灣和大嶼山的萬角咀等遺址，都發現了打製樹皮布的石拍。古人不像我們可以從商店購買精美的成衣穿着，他們運用石拍，把楮、桑等樹木的樹皮捶打成布，製作服裝。

1996 年，香港中文大學中國考古藝術研究中心和中國社會科學院考古研究所合作發掘香港南丫島大灣，發現六千年前的房屋聚落遺跡。（鄧聰教授提供照片）

石拍上刻有溝槽，方便打鬆樹皮的纖維，清除雜質，讓樹皮變得較薄較柔軟，穿起來就更舒服。珠江流域一帶屬大灣文化的樹皮布文化，很有可能對東南亞地區產生了直接影響，而美洲的樹皮布文化源頭，也可能與太平洋及東亞文化相關。

大灣文化

1933年，香港大學芬戴禮（Daniel J. Finn）神父首次在南丫島進行考古發掘時，發現了兩件很有特色的完整彩陶盤。那之後九十餘年來，考古工作人員從粵東海豐到珠江三角洲一帶水域附近，都發現了同樣的彩陶，還有其他形制相同的陶器和石器，因此他們認為，這些遺址屬於一個共同文化圈。1994年，香港中文大學鄧聰教授首次將這個文化命名為「大灣文化」。據科學年代測定，大灣文化年代距今約六千至七千年，是目前所知環珠江口最早人類文化的代表。

那麼我們可以從博物館和歷史科普欄目中，看到哪些大灣文化的代表文物呢？大灣文化的器物有陶器和石器。陶器以圓底器和圈足器最為發達成熟，還有美麗的彩陶和白陶。石器方面有斧、錛及石錘和樹皮布石拍。香港中文大學考古隊曾經前往當年芬戴禮神父留下足跡的南丫島，在大灣文化遺址內發掘出距今六千多年的石拍。

值得一提的是大灣文化中的陶器。大灣式彩陶盤是界定大灣文化圈範圍的標誌，盤身外表和圈足內外常有陶衣和紅彩，紅彩上裝飾波浪紋，圈足上則常常刻畫水波紋及設置排列有序的鏤孔。目前發現的此類彩陶分佈在從海豐到珠三角一帶水域

春坎灣遺址出土的彩陶盤

的附近，在香港的春坎灣遺址等地有發現。考古學者認為，大灣式彩陶盤是受長江中游的大溪文化影響而產生的，而影響傳播的路徑則是通過洞庭湖和西江流域。彩陶盤作為禮器，很可能是宗教生活的反映。

1997年，在赤鱲角香港國際機場施工期間，考古隊搶救發掘香港馬灣島東灣仔北考古遺址，發現二十座墓葬，成為當年中國十大考古新發現之一。

據環珠江口學者對比馬灣島東灣仔出土陶器及玉石器類型學分析，該遺址年代已進入青銅時代商文化的階段。考古學家推測，馬灣的先民並非按季節在島上暫時棲居，而是以此地為

｜ 馬灣女性頭骨的復原像

長期居所。另外，在墓葬中發現的人骨，有亞洲蒙古人種和一些熱帶地區種族的特徵。他們與華南地區特別是珠江流域的新石器時代晚期人骨的體質特徵有明顯共性。

另外，在一具約四十歲的女性頭骨上，發現事主約在十七歲時拔除上門齒，這與相鄰的佛山河宕貝丘遺址出土的新石器時代人骨中普遍存在的拔齒風俗相似。因此，無論從體質或者風俗上看，都可以說明香港青銅時代的先民，與珠江三角洲地區的先民為同一種屬。

大灣文化見證了環珠江口在七千年前開始，沿海一帶已經形成共同的最早文化圈，經濟和社會生活關係密切，水上網絡來往頻繁。屯門出土的玉石瑗、鐲及鉞等，年代距今大約五千年，鮮明地展現了長江流域良渚文化對香港文化的早期影響。正所謂「君子比德於玉」，玉在東亞文化中不但價值連城，更承載了倫理的意義。玉文化很可能起源於東北地區，乃至貝加爾湖一帶。在傳入中原、華東之後，當地發展出了自身的雕琢特色。湧浪出土的玉手鐲如此精美，正正是華東良渚玉文化的反映。

歷史文化知多點

名列世界文化遺產的良渚文化

　　良渚文化是一個環錢塘江分佈的新石器時代晚期文化，它以黑陶和磨光玉器為代表，因1936年首先發現於浙江省良渚得名，距今約有4,300－5,300年歷史。良渚文化中，以琮、璧、鉞為代表的玉器，其品質、數量、體量、種類以及雕琢工藝達到了中國史前治玉水平的一個高峰。良渚文化的玉器不但形制繁多，工藝精湛，還形成了玉禮制度，體現了良渚人對天地人神聯繫的觀念，對後世的中國文化影響深遠。2019年7月6日，中國良渚古城遺址被列入世界文化遺產名錄。

1990年，南丫島大灣遺址發現屬於商代的墓葬群，其中第6號墓出土的玉牙璋及完整串飾，被文物專家譽為港寶級或國寶級文物。牙璋在古時是珍貴的禮器，是權力的象徵，起源於黃河中下游新石器時代晚期文化。大灣牙璋與商代二里頭墓葬中的牙璋，微刻風格完全一致，是商代華北地區禮制物質文明向南延伸的表現。

　　玉是珍貴的寶石，早期並非一般平民所能擁有，只有貴族才能用來作奢侈裝飾。同時，在與湧浪遺址時期相近的白泥陳家圍遺址，還出土了石矛等武器。

| 1989 年，南丫島大灣遺址商代墓葬群出土的玉牙璋。(鄧聰教授提供照片)

第三節 最早出現在典籍中的香港地名

　　普遍香港人印象中，屯門位於新界「大西北」，是遠離港九市區的偏僻地方，但很多人並不知道，屯門在中國歷史上曾經有過重要的地位。古代的香港由於所在位置偏離政治經濟中心，因此一直處於官方史家的視界之外，結果香港的歷史發展面貌只能通過地下文物作有限度的重整。到了唐朝，這種情況出現改變。唐朝政府終於注意到香港的屯門，並在這裏設置軍鎮，將屯門帶上中國歷史的舞台。

　　屯門這個地名最早出現在唐朝大詩人劉禹錫和韓愈的詩歌中。劉禹錫在《踏潮歌》中描述：「屯門積日無回飆，滄波不歸成踏潮。」韓愈則在《贈別元十八協律》詩中提及：「屯門雖云高，亦映波濤沒。」目前所知的史料並無劉、韓二人曾經到訪屯門的證據。從理性的角度可以這樣解釋，屯門是商旅往來的地方，經行其地的人將屯門的地貌特點傳播到內地，這些特別的海岸風景引起了文人雅士的注意，最終構成他們詩作的靈感。

　　屯門是最早記載在中國官方史籍中的香港地名。唐朝時期中外商船往來中國貿易，都必須按季候風的規律行事。外國商船來廣州前先在屯門稍作停留，然後沿珠江北上廣州；離開廣州之後，亦需要回到屯門停泊，等待季候風啟航回國。宋朝官修正史《新唐書》中〈地理志〉記載了廣州與南洋之間海上交

通的情況：

> 廣州東南海行，二百里至屯門山。乃帆風西行二日，至九
> 州石。又南二日，至象石。又西南三日行，至占不勞山。
> 山在環王國東二百里海中。又南二日行，至陵山。又一日
> 行，至門毒國。又一日行，至古笪國。又半日行，至奔陀
> 浪洲。又兩日行，至軍突弄山。又五日行，至海峽，蕃人
> 謂之質，南北百里，北岸為羅越國，南岸為佛逝國。

歷史文化知多點

屯門：古代海上絲綢之路的必經之港

　　離屯門不遠處的廣州，是唐朝時期全球最大的貿易中心和交通樞紐。唐朝政府在廣州設置管理海路邦交和貿易的市舶使，以便有效管理中外貿易活動。廣州並非沿海城市，與海上交通銜接的是珠江口接海的一段河道。珠江口西岸乃淺水地帶，不利於航行；東岸則有深水航道，沿佛堂門、急水門、屯門、南山、南頭城、虎頭門而入珠江直達廣州。屯門位於這條深水航道之中，它的青山灣是進入珠江前最大的深水港口。屯門優越的地理條件正好為中外海舶提供灣泊的地點，以配合廣州的商貿活動。在這種中外貿易的操作模式之中，屯門扮演了一個相當於廣州外港的角色，成為古代海上絲綢之路的必經之港。

《新唐書》和《唐會要》曾記載説，唐開元二十四年（736年），唐朝政府在廣州寶安縣設置屯門鎮，駐軍二千人，「以防海口」。了解中國歷史的都知道，中國古代邊防向來以北方為重，南方濱海之地並無外患，為什麼要設置軍鎮並派二千兵員駐守？所謂「以防海口」，其實就是出動軍隊保護停泊在屯門的海舶，以防備滿佈沿海的海盜劫掠。綜合上述史料，可以看出屯門在盛唐時期的中外海路貿易上扮演一個重要的角色，以外港的地位為廣州的水路運輸提供無可替代的支援。

　　到了明朝，這裏曾爆發過一場廣東水師與葡萄牙海上武裝對壘的中西海上大戰——屯門之戰。明武宗正德九年（1514年），葡萄牙使者阿爾華列士（Jorge Alvarez）乘船抵達屯門，在當地樹立刻有葡國徽章的石柱，以示佔領。葡萄牙人侵佔屯門長達七年之久。他們在那裏設立營寨，製造火槍，並構築防禦工事。後來又在附近島嶼私設刑場，拒絕課稅，甚至大肆掠奪。

　　明朝政府忍無可忍。正德十六年（1521年），廣東巡海道副使汪鋐帶領戰船包圍屯門海域，驅逐葡萄牙人。戰事開始時葡萄牙人據險頑抗，以佛朗機火槍轟擊明軍，並企圖佔據南頭城。汪鋐以五十艘戰船包圍屯門，指揮明軍用輕舟裝載枯柴和乾草，乘着風勢縱火焚燒葡萄牙的戰船；又派善於游泳的人潛水鑿穿葡萄牙船隻。屯門之役持續戰鬥了四十天，結果葡萄

牙人傷亡慘重，被迫拋棄部分船隻，乘三艘大船趁海上風暴驟起之機狼狽潛逃。經此一役，葡萄牙人轉往閩浙沿海活動，最後在明朝政府同意下入駐澳門。汪鋐在屯門一戰，不但衛國有功，更不經意在歷史的大關節中揭開葡萄牙人此後幾百年佔領澳門的序幕。

這場中葡屯門海戰，是中國和西方國家之間的第一場戰爭，比起1652年爆發的中俄雅克薩戰役早了百多年；比發生在1662年，被西方史家稱為「歐洲與中國的第一場戰爭」的台灣熱蘭遮城之戰，也早了大約一個半世紀，更比鴉片戰爭早了超過三百年。

中葡屯門海戰可說是中西關係史上極具意義的一章，它預示着中國此後的國防重點將由北方的陸地轉移至南方的海洋，

▍ 1950 年代的屯門青山灣（照片由香港大學圖書館提供）

而歐洲以海上力量崛起的殖民主義國家亦將取代傳統的草原民族，成為中國的主要外患。至於引發中葡海戰的商貿利益，亦在此後數百年間逐步萌發為歐洲國家競相東來的動力。最終歐洲國家再次以海上武力，再次以香港為起點打開中國的大門，並改變中國的命運。

第四節 新安縣的設置

香港自古以來是中國領土。遠古至歷史時期之初，本地屬嶺南古越族的棲息地。秦始皇統一中國後，設立郡縣制。秦於秦始皇三十三年（公元前214年）征服嶺南，並於其地設立南海、桂林、象三郡。自此，香港納入中原王朝的管轄之下。古代香港先後歸屬番禺縣、寶安縣、東莞縣和新安縣管轄。

設置一個新縣，通常都是為了管治更直接方便，資源有效分配。新安縣的設置也不例外。嘉靖四十年（1561年）起，東莞南頭時有飢民聚眾搶米，幸有鄉紳等幫忙平息事件。隆慶六年（1572年），曾經出手平亂的鄉紳吳祚等向廣東海道副使劉穩進言，指出飢民搶米「雖由天變，實亦人事」；因此，「為海濱萬年計久安，不如立縣」。當時眾多官紳皆認為南頭離東莞縣治有百餘里之遠，不利於管治，紛紛附議。此外，南頭位處海邊，經常受海寇騷擾。因此，將南頭所在地域另建新縣，對於加強廣東南部水域的保安有明顯的好處。劉穩將吳祚的陳

請轉呈廣東布政使，最後奏准於東莞縣內另設新縣。

萬曆元年（1573年）新縣成立，以其地能「革故鼎新，去危為安」，因此取名「新安」縣，治所設於南頭。新安縣與東莞縣平行，同屬廣州府管轄。廣州府自東莞縣轄地南端海岸線起向北劃出56里範圍，撥作新安縣土地，原屬東莞縣的7,608戶共33,971人亦改隸新安縣。新安縣的管轄範圍包括今日深圳的主體和香港全境，深港可謂同根同源。

古代香港歷史沿革表

時　間	歸　屬	備　註
秦始皇三十三年 （公元前 214 年） 至東晉咸和五年 （330 年）	番禺縣	漢高祖四年 （公元前 203 年） 至漢元鼎六年 （公元前 111 年） 曾屬地方政權南越國管轄
東晉咸和六年（331 年） 至唐至德元年（756 年）	寶安縣	
唐至德二年（757 年） 至明隆慶六年（1572 年）	東莞縣	
明朝萬曆元年（1573 年） 至十九世紀英國逐步佔領香港地區為止	新安縣	康熙五年至七年一度改併東莞縣

嘉慶《新安縣志》中的新安縣地圖

位於深圳南頭的新安縣城門遺址（劉蜀永攝於 2006 年）

第五節 古代香港經濟

　　農業、漁業、瓷業、製鹽業、採珠、種植香木、燒製蠔灰等，曾是古代香港的主要經濟活動。我們這一節挑選了農業、漁業、瓷業和製鹽業的發展來介紹。

一、農業

　　不論中國典籍的記載，還是後來英國人的調查都顯示，在英國人來到香港之前，本地農業就已經有了很大發展。後來英國人的調查報告顯示，香港農民在山坡、平原和谷地高處種植農作物，種類十分之多，例如在海拔1,300英尺的地方種植水稻，在大帽山北面海拔1,500英尺的地方種植茶葉和菠蘿。

　　香港農業的發展，得益於三方面的條件，第一是豐富的耕地資源，第二是中國內地勞動力的遷入，第三是中國先民先進的農業技術。

　　香港擁有肥沃的耕地資源，自元朗、錦田至上水、粉嶺的大片區域，都適合農業的發展。

　　農業發展除了需要耕地資源，也需要人力進行合理地開發，不同朝代來自中國內地的人口南遷香港，都推動了香港農業的發展。自宋代起，就有鄧、侯、廖、文、彭等家族遷入香港，以務農為生。明朝遷居至香港的陶氏，就在屯門青山道建立了泥圍等村落，他們常在村旁的農地耕作，主要種植稻米和

香港竹製導水管，1838年法國畫家波塞爾（Auguste Borget）創作的畫作，從一個側面反映出港島的農業發展。（來源：香港市政局：《香港的蛻變：歷史繪畫》，香港：香港市政局，1980年，頁29）

蔬菜。至清代，客籍農民遷入和清朝政府實行的軍隊屯田制度也進一步加速了香港農業的發展。據嘉慶《新安縣志》所載，不少客籍農民在香港開村落戶，在竹角、茅笪、徑口、大灣山頂、白角山頂、大塘、石排灣、薄寮、平洲等處墾荒。在軍隊屯田方面，嘉慶年間在新安縣設置廣前衞屯及廣後衞屯，分別在位於今日香港的屯門、梅蔚和官富等地實行軍墾，以增加生產力。

香港種植的農產品種類豐富，包括水稻、麥類、菽類、蔬類、果類、茶類、藥類、竹類、木類、花類等，但主要的農產

品還是水稻，其中又以元朗絲苗最具代表性，甚至連遠在三藩市的華人都會特地訂購元朗的絲苗米。還有大片土地用於種植蔗、花生、馬鈴薯、芝麻等植物。

二、漁業

香港面向南中國海，有豐富的漁業資源，在遠古時代，香港漁業就已經萌芽，至清朝，香港漁業十分繁榮，嘉慶《新安縣志》稱「邑地濱海，民多以業漁為主」，所指新安縣濱海地帶，多在今日香港境內。明代時，甚至有專門用於捕魚或載貨的白艚，其船身是髹成白色的。清代香港已經有許多重要的漁港，包括大澳、青山灣、長洲、西貢、大埔、赤柱、香港仔和筲箕灣等，連華南其他地方的漁船都會使用香港的海港。1845年，香港島共有二千名漁民。

香港的漁民主要有疍家和鶴佬兩大群組，他們主要居於艇上。這些漁民作業方式成熟，圍繞捕魚的相關產品和行業也十分多樣發達。漁民的作業分別有近岸及遠洋離岸兩大範圍。近岸有罾棚、鈎釣、撒網、圍網等操作方式，至於離岸則以拖網為主，網長約250英尺，一般以兩艘大型漁船聯合操作。近岸捕撈的鮮魚往往會在天亮前送抵魚市場出售，而漁獲的售價比較波動。離岸遠洋捕撈的魚，則會利用遠洋漁船隨船攜帶的大量海鹽醃製，之後放在船上或岸上曬成鹹魚之後出售。捕漁業的旺季為每年10月至翌年5月，因為其他月份香港會受颱風吹

襲。帆船等小型船隻則主要在河口捕魚。在香港能捕獲到的魚類主要是黃花魚、鯖魚、烏鯧等。

除了捕撈，漁民也經營水產養殖，主要養殖蠔和魚蝦。香港西北地域的稔灣、白泥、流浮山、尖鼻咀、后海灣一帶有大量蠔田，西北地域從新田到屏山一帶亦闢有漁塘，於后海灣畔則利用基圍以海水混合淡水養殖魚蝦。

港島的漁船與漁民，1838 年法國畫家波塞爾創作的鉛筆素描。（來源：香港市政局：《香港的蛻變：歷史繪畫》，香港：香港市政局，1980 年，頁35）

三、製瓷業

香港瓷業的歷史源遠流長，從明朝中葉發端，至約二十世紀二十年代始全部停產。生產地點主要是大埔墟西南面的碗窰村，分為上碗窰村和下碗窰村。

香港瓷業的早期管理者文、謝兩氏中的文氏，據傳是文天祥同輩兄弟文天瑞後人，原籍江西省吉水縣，江西是陶瓷業發達之地，文氏族人中不乏有燒製瓷器的工匠。文氏於元末明初遷徙至今新界，在屏山居住一段時間後，遷至大埔泮涌村一帶建立文家莊，並利用大埔碗窰豐富的製瓷物資比如高嶺土、高嶺岩、燃料與水力資源，重操舊業，就地發展製瓷業。

清初遷界令下，文、謝二姓村民撤離窰場，其後馬氏成為製瓷業的主要經營者，馬彩淵有子嗣四人，於碗窰村創立「馬四於堂」，共同管理擴張中的陶瓷工業。下碗窰的青花窰場就是馬彩淵的後人馬文合於道光年間監建的。現今馬氏後人仍保存「碗陶」發貨圖章，「碗陶」即馬氏窰場名稱。馬氏出產的各類瓷器生活用品都體現了中國南方民窰瓷器的特點，比如瓷器的胎質除了一部分比較細白並且施滿釉之外，器壁其餘部位粗糙，器底露胎。馬氏管理期間，大埔碗窰產量巨大，每座窰一次可燒製超過一萬件產品，供應香港本地市場之餘，絕大多數都輸往中國內地，如江門、廣州、東莞、石龍一帶。

▍ 文官碗

▍ 菊花碟

▍ 折枝梅花蘭草香爐

▍ 弦紋燈

大埔碗窰青花瓷產品
（來源：區家發等《香港大埔碗窰青花瓷窰址：調查及研究》，
香港：香港區域市政局，1997 年）

四、製鹽業

製海鹽有兩大自然條件——海水和氣候。香港三面環海，長年日照充足，是製鹽的上佳地區。就史籍所載至少早於東晉時期已有鹽官管轄東莞，其疆域範圍包括今日的香港，可以推斷本地已經發展出一定規模的鹽業。南宋時期本地製鹽業頗具規模。當時朝廷在九龍灣西北一帶設置官富場製鹽，由政府派遣鹽官管理，並有士兵駐防保護。這段歷史至少可以追溯到高宗時期，當時朝廷曾招降大嶼山來佑等人，選出少壯者做

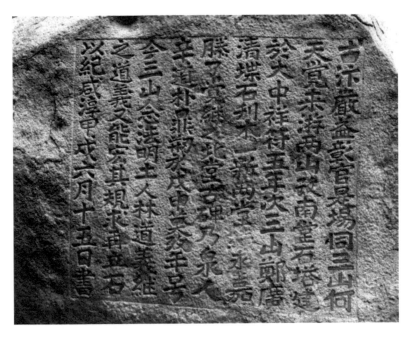

西貢大廟灣南宋度宗十年（1274 年）的刻石記載，官富場鹽官嚴益彰到當地遊歷的事跡，說明官辦鹽場至少到南宋末年仍在運作。

水軍，並寬解當地的漁鹽之禁。大嶼山遂成為香港重要製鹽地區，所產鹽稱為「醃造鹽」。

雖然香港的官辦鹽場始終未能成為南方的產鹽重鎮，甚至有提舉廣東鹽茶司於孝宗登位後，以鹽場位置偏遠為理由，上奏建議廢置官富場，但香港的官私鹽場仍然不斷發展，互相競爭。宋寧宗時廣東提舉鹽茶徐安國就曾派人前往大嶼山緝捕私鹽販子，引起島上大規模的鹽民暴動。以萬登為首的鹽民更一度乘漲潮攻打至廣州城下。

宋朝以來，香港製造海鹽的產業延續不斷，屯門是產鹽的重鎮之一，當地望族陶氏於明代兼營鹽業及農業，擁有由屯門舊墟、新墟至急水門一帶土地，並沿海產鹽，收入極為豐厚；全盛時期堪與錦田鄧族財富不相上下，反映製鹽是明代香港濱海氏族主要收入來源。

製鹽業在清代仍然是香港的一個重要行業。元朗大王廟內有一塊約立於乾隆四十一年至五十一年（1776-1786年）的《鹽道禁革經紀碑》，從碑文可以看出，自山貝河注入后海灣的淺海沿岸皆有鹽田，包括橫洲、穿鼻港、元朗三地。這些鹽田均為新安縣東莞場鹽課司管轄下的分場，由鄧姓鹽丁管理。清代後期，香港鹽業漸走下坡，所餘鹽田主要集中在屯門、大澳兩地，所產海鹽主要供應漁業醃製鹹魚；大埔及沙頭角亦有小規模的鹽田。

| 大澳的製鹽工人

第六節 含義深遠的文化遺址和典故

一、李鄭屋漢墓

　　李鄭屋漢墓因發現於深水埗李鄭屋村而得名，1955年這座古墓於興建徙置大廈的工地被發現，是香港最有份量的漢代文化遺址。學者鑒定得出李鄭屋漢墓的年代是東漢中期。此外，

根據墓磚側面刻有「番禺大治曆」、「大吉番禺」等字樣,可以推斷漢墓所在地區歸番禺管轄。

李鄭屋漢墓原本位於靠近海邊的位置,因填海造地而變成離海岸數百米。墓室可分為前室、後室、左右耳室及羨道。結構上呈十字形,採用穹頂設計。墓葬使用中式形制,部分墓磚上有幾何圖案或簡化動物形象的花紋、模印文字,並出土五十件陶器和八件銅器等,出土器物包括炊煮器、飲食器具、房屋及水井模型。不論從結構設計,還是隨葬品的種類、風格,都與內地如廣州、佛山、南海、深圳和珠海等地的漢墓一脈相承。

雖然李鄭屋漢墓發現時並沒有人體遺骸,但已有學者通過對墓室規模和銘刻等考古發掘的成果研究,得出墓主的身份很大可能是漢代的官吏。

李鄭屋漢墓的發現,有力地說明香港地區與廣東大陸的文化具有同一性,並且都受到中原文化的強烈影響。此外,香港許多地方如大嶼山白芒和竹篙灣、馬灣東灣仔、西貢滘西洲、南丫島沙埔村和深灣、元朗下白泥、屯門掃管笏等,也有為數頗多的漢代文化遺址。

李鄭屋漢墓

二、杯渡禪師的故事

在今日的屯門區，有條馬路叫「杯渡路」，有個輕鐵站名為「杯渡站」。這位杯渡是何許人也？他與屯門有何關係呢？

原來，最先以杯渡命名的是一座山。北宋進士蔣之奇在《杯渡山紀略》中引用《廣州圖經》說：「杯渡山在屯門界，三百八十里。舊傳有杯渡師來此。」這就把今日屯門青山與杯渡聯繫起來了。

他提到，當時猶存的《漢封瑞應山勒碑》，碑文刻有：

「漢乾和十一年（953年），歲次甲寅，開翊衞指揮同知、屯門鎮檢點、防遏右靖海都巡陳巡命工鐫杯渡禪師像供養。」這裏的瑞應山就是杯渡山，也就是今日的屯門青山。明清時期，與香港有關的地方志中，也有不少關於杯渡的記載。

杯渡為東晉和南北朝期間一位傳奇高僧。杯渡並非他的真實姓名，而是因其常用木杯渡水而得來的綽號。他行為怪異，喜怒無常，但醫術十分高明。據梁朝釋慧皎所著《高僧傳》提到，杯渡禪師於晉末宋初之際，自中原南遊至「交廣之間」；結果這故事演變成杯渡禪師南下屯門駐錫的傳奇，自宋朝以來傳誦至今。杯渡禪師南下的路徑，符合南北朝時期北方氏族向南遷移的歷史。另外，杯渡禪師離開屯門之後繼續向南海進發，亦與當時廣州至東南亞一段海上交通史有一定的關連。我們可以從杯渡禪師的傳奇故事推想，兩晉南北朝時期的香港漸漸在日益興盛的中西海上貿易活動中嶄露頭角，並將會成為名聞中外商旅的港口。

民國初年，與杯渡有關的青山可說是香港的熱門郊遊景點，香港許多文人雅士熱衷以杯渡為題在青山題字、寫聯。青山寺前「香海名山」牌坊上，有晚清進士陳伯陶（1855－1930）所題對聯：「遵海而來杯渡情依中國土，高山仰止韓公名重異邦人」。在他們眼中，杯渡實際是源遠流長的中國文化的一個符號，一個象徵。他們借助這些符號，抒發他們的民族感情和對故鄉的思念。

青山寺杯渡岩內粗石雕刻的杯渡禪師像

三、宋王臺的故事

宋王臺是香港地區一處重要的古蹟，它把我們引向了南宋末年的一段歷史：宋朝至元十三年（1276年）正月，元軍攻到宋都臨安（杭州）城北，宋恭宗投降，南宋宣告滅亡。原宰相陸秀夫等擁宋朝皇子廣王趙昰（九歲）和益王趙昺（六歲）南逃。他們在福州擁立趙昰作皇帝，這就是後人所稱的「帝昰」。帝昰一行由海路逃往廣東沿海。1277年2月，他們經大鵬灣到達梅蔚（可能是今大嶼山梅窩），4月到達官富場（今九龍城以南）建立行宮，9月到淺灣（今荃灣）。1278年3月，文天祥等抗元將領在廣東接連獲勝，帝昰一行便移歸硇州。4

月，帝昰病逝，葬於今深圳赤灣。

宋王臺是香港居民為了紀念趙昰、趙昺在本地區的活動而修建的。它原來位於九龍半島南部、九龍灣西岸，在一座名為聖山的小山丘上。山頂原有三塊巨石，疊成「品」字形。其中一塊赫然刻有「宋王臺」三個大字，大字旁邊刻有的「清嘉慶丁卯重修」幾個小字。可知宋王臺在1807年曾經重新修整過。

元和南宋的朝代更替，從中華文明悠久的歷史來看，是中國多民族大融合進程的一部分。古時候的宋王臺，代表着當時人在傳統儒家思想下對宋王朝的追思懷念，而隨着歷史的發展，宋王臺這一古蹟漸漸成為中華民族反抗壓迫的民族意識與家國情懷的象徵。對於在外國殖民統治下生活的香港華人來

第二次世界大戰前的宋王臺

今日宋王臺公園（攝於 2023 年 2 月）

說，宋王臺具有強烈的象徵意義，所以他們對這一古蹟格外關心和愛護。

十九世紀末，因九龍築路建房需要大批建築材料，有商人開始在聖山採石，九龍居民因而發起保存宋王臺的活動。1898年8月15日，立法局華人議員何啟支持九龍居民的要求，建議制訂保存宋王臺的法例。香港政府採納了何啟的建議，在1899年頒佈了《保存宋王臺條例》，並在山麓豎立碑誌，刻上「此地禁止採石以保存宋王臺古蹟」等字樣。

宋王臺在第二次世界大戰中遭到厄運。1941年日軍侵佔香港後，以擴建軍用機場為藉口，於1943年1月9日炸毀聖山。聖

山被炸毀了，但那塊刻有「宋王臺」三字的巨石僥倖地得以保存。

1945年日本投降以後，香港政府依趙氏族人的請求，在啟德機場以西建宋王臺公園，把原來的巨石削成方形，移置在公園內，還刻有歷史學家簡又文撰寫的「九龍宋皇臺遺址碑記」，說明這一古蹟的由來。1959年11月，宋王臺公園正式開放。

第七節 古代香港教育發展

談起香港的書院，很多人會聯想到皇仁、拔萃、喇沙這些傳統名校。其實英國人到來之前，香港地區的居民已創辦了許多書院、私塾，傳播中國傳統文化知識，其中歷史最久遠的，就是宋朝鄧符協為聚眾講學，在桂角山下設立的力瀛書院。據羅香林教授考證，鄧符協是北宋熙寧年間（1064－1077年）的進士。力瀛書院始創年代，比廣州的著名書院廣州禺山書院、番山書院等，還要早一百多年呢！力瀛書院遺址清初猶存。

清代香港地區的書院、私塾至少有四十九處，其中比較著名的，有康熙年間錦田鄧氏創辦的周王二公書院、清初上水廖氏創辦的應龍廖公家塾、乾隆以後九華徑曾氏創辦的蒙正家塾、相傳屏山鄧氏於1870年創辦的覲廷書室等。

科舉是中國古代通過考試選拔人才擔任官職的制度。明清

2023 年 6 月 18 日，《屏山鄧氏族譜》修繕完成典禮在屏山鄧氏宗祠前舉行。
（《香港商報》記者鄭玉君攝）

兩朝，考生通過縣、府考試合格，取得秀才資格，即可參加鄉
試。鄉試考中者是舉人，可赴京城參加會試。會試考中者，可
參加殿試，成為進士。進士第一甲的前三名，分別是狀元、榜
眼和探花。

　　香港地區學校不算少，陸續培養出一些人材。據嘉慶年
間編纂的《新安縣志》統計，從南宋到清嘉慶二十三年（1818
年），新界本土及離島人士考取功名的，就有甲科進士一人，
鄉試中考的十一人，恩貢四人，歲貢九人，例貢及增貢六十
人，例職十七人（例貢及例職是捐納得來的）。其中的進士是

廣東巡撫李士楨為鄧文蔚題寫的進士牌匾，至今仍懸掛在錦田永隆圍。（攝於 2008 年）

指錦田的鄧文蔚，在康熙二十四年（1685年）乙丑科會試中式第六十八名。他曾參與《新安縣志》的編纂工作。

第二章 開埠初期的香港

十九世紀四十年代，老牌殖民主義國家英國通過鴉片戰爭，強迫清政府簽訂不平等條約《南京條約》，對香港社會，甚至整個中國社會的發展產生了重大影響。開埠初期的香港社會是怎樣一種狀況？政治體制上，英國憑藉武力與法律，建立了不民主的殖民統治架構。經濟上，雖然香港逐步發展成為一個重要的轉口港，但早年英國人從事的主要是罪惡的鴉片貿易和苦力貿易。教育文化上，英國的政策從來不是着眼於中國和香港本地的利益，而是着眼於自身的商貿利益以及在整個中國的影響力。當時針對香港華人系統化、制度化的種族歧視與壓迫十分嚴重。

第一節 英國侵佔香港

自十九世紀四十年代起，英國藉戰爭和外交干涉，先後割佔了香港島、九龍，租借了新界，從而佔領了整個香港地區。

一、英國佔領香港島

英國政府很早就有佔領中國沿海一個島嶼，作為對華擴張據點的想法。1834年8月21日，英國駐華商務監督律勞

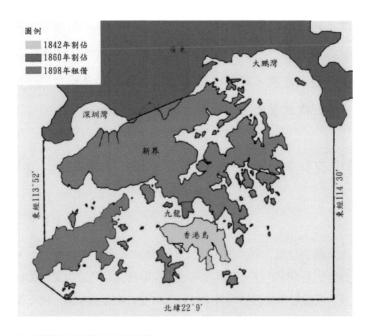

圖例
　1842年割佔
　1860年割佔
　1898年租借

大鵬灣

深圳灣

新界

東經113°52'

東經114°30'

九龍

香港島

北緯22°9'

英國佔領香港地區示意圖

卑（William John Napier）致函英國首相格雷伯爵（Charles
Grey），力陳香港島適合各種用途，要求從印度調派軍艦，佔
領該島。這是英國官員首次提出佔領香港島。

　　十九世紀初，英國鴉片船經常在廣東沿海活動。1821年，
隨着清廷下令驅逐鴉片船，英國對華鴉片貿易也從黃埔和澳門
轉移到伶仃島、金星門和香港水域。1839年3月，欽差大臣林
則徐奉命來廣東查禁鴉片，收繳英美鴉片商人的煙土兩萬餘
箱，並於6月3日在虎門海灘當眾銷毀，史稱「虎門銷煙」。英
國駐華商務監督義律（Charles Elliot）試圖對林則徐的執法加

以干涉，向英國政府發函要求武力支援，並將在華艦船集結在尖沙咀海面，其中的鴉片船仍然偷賣鴉片。當年，中英之間先後發生九龍山之戰、穿鼻之戰和官涌之戰，都是鴉片戰爭的前哨戰。這三次武裝衝突，有兩次發生在香港地區。

歷史文化知多點

九龍山之戰

九龍山之戰又稱九龍海戰，它是鴉片戰爭的前哨戰之一。它的起因是1839年7月英國水手在尖沙咀行兇，打死中國居民林維喜。英國駐華商務監督義律自行審判並從輕發落案犯，而不是根據清廷要求將其移交，因此林則徐下令停止對英船供應食物。1839年9月4日下午，義律親率快船三隻赴九龍山強購食物，被清朝師船阻止。義律命令三船向水師開火。大鵬協參將賴恩爵率領清朝師船和岸上炮台奮勇回擊，殺傷英軍多名，義律的帽圈也被炮彈打掉，差點喪命。

1840年6月，英國遠征軍到達中國，鴉片戰爭爆發。英軍侵犯廈門並攻陷定海。7月，遠征軍抵達白河口，提出賠償煙價，割讓海島等要求。清廷派琦善為欽差大臣，到廣東同英方交涉。談判期間，英方全權代表義律提出割讓香港島。談判仍在進行，1841年1月25日英國就派遣「硫磺」號（HMS

Sulphur）艦長貝爾徹（Edward Belcher）帶領士兵在香港島登陸。次日艦隊到達，升起英國國旗，擅自宣佈正式佔領該島。

1842年6月，英國百餘艘艦船自印度前來增援。英國駐華全權使臣和商務監督砵甸乍（Henry Pottinger，又譯為璞鼎查）指揮英軍進犯長江，於8月4日兵臨南京城下。清廷決定妥協投降，派耆英和伊里布為欽差大臣。他們同砵甸乍簽訂了《南京條約》。這是中國近代史上第一個不平等條約，當中第三條規定，將香港島割讓給英國。

| 1841年英軍在香港島登陸地點今貌（劉蜀永攝）

中英《南京條約》主要內容

（一）清朝向英方賠款兩千一百萬銀元。

（二）廢除「公行」制度。

（三）割讓香港島予英國。

（四）開放廣州、廈門、福州、寧波、上海五處為通商口岸。

（五）英商應繳納的進出口關稅，中國海關無權自主決定。

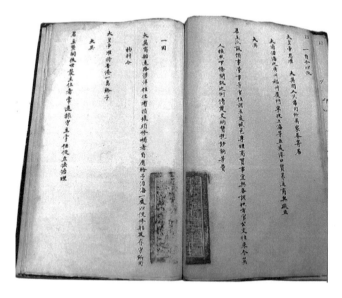

不平等條約中英《南京條約》關於割佔香港島的條款

1842 年 8 月 29 日中英雙方代表在英國軍艦「皋華麗」號（HMS Cornwallis）簽訂中英《南京條約》

二、英國割佔九龍

《南京條約》簽訂後，清廷又與英國締結了《虎門條約》，當中賦予英國管轄在華英人的權力。1856年10月，廣東水師在廣州海珠炮台附近碼頭檢查裝有走私貨物的「亞羅號」（Arrow）船，並逮捕了部分有海盜嫌疑的船員。英國駐廣州領事巴夏禮（Harry Smith Parkes）謊稱該船是英國船，廣東水師無權管轄。他照會兩廣總督葉名琛，稱中國水師違反條約，誣中國水師侮辱英國國旗，要求立即送回被捕人員，並賠禮道歉。「亞羅號」事件成為第二次鴉片戰爭的導火線。

10月23日，英國以「亞羅號」事件為藉口，發動第二次鴉片戰爭。海軍上將西馬縻各厘（Michael Seymour）率領的海

軍艦隊突入珠江，佔據獵德、海珠等處砲台，並一度攻入廣州城內。

英商和英國軍官很早就鼓吹佔領九龍。在第二次鴉片戰爭的背景下，1858年6月2日，外交大臣馬姆斯伯利（3rd Earl of Malmesbury）發出指示：「一旦出現機會，應竭力通過條約從中國政府手中將這些地方割讓給英國政府，至少要割佔香港對面的九龍岬角。」1860年3月18日，英軍強行侵佔了九龍半島岬角，即尖沙咀一帶。此後大批英軍援軍到達，大部分都駐紮在九龍半島進行作戰準備，直到5月19日北上。

差不多同時，英方向廣東地方當局強租了九龍。當時廣州已被英法聯軍佔領。1860年3月20日，巴夏禮向兩廣總督勞崇光面交公函，稱「九龍半島的混亂狀態給維護英國利益帶來不利之處」，要求租借九龍。3月21日，租約締結，當中規定將九龍半島部分地區和昂船洲租借給英國。租界地的界線從鄰近九龍炮台南部之一點起，至昂船洲最北端止。

1860年10月13日，英法聯軍佔領北京安定門，他們在城牆上安置大炮，炮口直指紫禁城。在炮口威脅之下，代表清廷議和的恭親王奕訢和英法兩國締結了不平等條約《北京條約》。簽約前夕，英方突然要脅在中英《北京條約》中增加三條，其中第一條便是「廣東九龍司地方併歸英屬香港界內」。奕訢「畏其逼迫」，對新增各條一概應允。

1860 年 10 月 24 日，在五百名英國士兵的簇擁下，英國全權特使額爾金（8th Earl of Elgin）前往禮部大堂簽訂中英《北京條約》。該條約規定將九龍割讓給英國。

歷史文化知多點

授土儀式

　　1861年1月19日，駐港島英軍各兵種二千多名官兵渡海前往九龍參加領土移交儀式。下午3時，全權特使額爾金在巴夏禮、香港總督羅便臣（Hercules Robinson）的陪同下抵達會場。新安縣令、大鵬協副將、九龍司巡檢和九龍城一名級別較低的軍官共四名清朝官員也被迫前往。會場上，巴夏禮把一個裝滿泥土的紙袋塞給清朝官員，讓後者再把紙袋交給他，以此象徵領土的移交。

三、英國租借新界

十九世紀末，列強在中國劃分勢力範圍，掀起瓜分狂潮。英國利用這一時機，租借了「新界」，從而完成了對整個香港地區的佔領。

1894年中日甲午戰爭爆發以後，清軍節節敗退。港英當局認為有機可趁，正式提出了展拓界址的主張。1894年11月9日，香港總督威廉·羅便臣（William Robinson）說：「應當在中國從失敗中恢復過來之前，向它強行提出這些要求。」1898年3月，英國政府決定以法國租借廣州灣為藉口，向清政府提出展拓香港界址的要求。

1898年4月2日，中英雙方就香港擴界問題開始談判。英國駐華公使竇納樂（Claude Maxwell MacDonald）不斷對中方談判代表李鴻章等施加壓力，強迫中方接受他提出的擴界範圍和條約方案。李鴻章等被迫接受英方主張，僅僅要求保留對九龍城的管轄權。

1898年6月9日，中英《展拓香港界址專條》在北京簽字。該條約於7月1日「開辦施行」。通過《專條》的簽訂，英國強租了沙頭角海至深圳灣最短距離直線以南、今界限街以北廣大地區、附近大小島嶼235個以及大鵬灣、深圳灣水域，為期99年。這些被租借的中國領土和領海後被稱為香港「新界」，約佔廣州府新安縣面積的三分之二。

外國學者史維理（Peter Wesley-Smith）在《不平等條

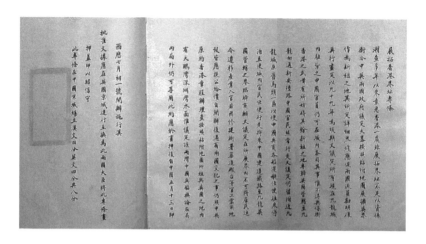

不平等條約《展拓香港界址專條》中文文本。

約（1898－1997）：中國、英國與香港新界》一書中認為：
「1898年的北京條約（指《展拓香港界址專條》）是一個不平
等條約。所以這樣評價，是因為只有一方從中得到好處。中國
暫時喪失了土地，但沒有得到補償。再者，在起草條約時，締
約雙方並非處於平等談判地位。」

　　1899年3月11日，新界北部陸界定界談判在香港舉行。
3月19日，英方定界委員、香港政府輔政司駱克（James
Lockhart）和中方定界委員、廣東省補用道王存善簽訂了《香
港英新租界合同》。該合同違背《展拓香港界址專條》粘附地
圖有關新界北部陸界的規定，是英方擴大侵越的產物。駱克本
人也承認，通過這一合同，英國「完全控制了那條在《專條》
粘附地圖上沒有包括在英國租借地內的河流（即深圳河）」。

四、新界抗英戰爭

1899年4月，英國武力接管新界。在新界這片土地上世世代代勞動生息的中國居民「一旦聞租與英國管轄，咸懷義憤，不願歸英管」。他們在鄧青士等愛國鄉紳的帶領下組織起來，武裝反抗接管。

4月15日，英軍一連士兵到達大埔墟。新界各鄉居民和前來支援的深圳居民共數千人聚集山坡，「開挖坑塹，拒阻英兵」。他們利用居高臨下的有利地形，使用步槍和輕炮從各個山頭猛烈開火，使英軍陷入重圍。次日，英軍援軍在「名譽」號（HMS Fame）軍艦的火力支持下，突破包圍圈，與被困英軍會合。接着，英軍四百名士兵列隊參加升旗儀式。輔政司駱克當眾宣讀英國《樞密院令》和港督命令，聲稱從1899年4月16日下午2時50分起，新界的中國居民已歸英國管轄。4月17日下午，新界鄉民用重砲猛烈轟擊大埔英軍兵營。接着，在林村山谷伏擊英軍。4月18日下午，他們又向上村附近石頭圍的英軍發起攻擊。4月15日至18日，新界鄉民對抗英軍的戰鬥歷時四天。

抗英隊伍武器裝備較差，又缺乏作戰經驗，未能取得最後勝利，犧牲人數至少有五百人。英軍擊散抗英隊伍後，前往錦田炸開吉慶、泰康兩圍的圍牆，並將吉慶圍的連環鐵門繳去，運回英國。

新界鄉民的抗英鬥爭是香港史上重要的一頁，給人們留下

1899 年新界居民舉行抗英會議舊址——屏山達德公所。大廳中的石碑載有 174 位抗英烈士芳名。

1899 年新界抗英烈士長眠之地——錦田妙覺園義塚。（攝於 2011 年 5 月）

了深刻印象。駱克曾經說：抵抗者「要是有近代化武器，我們的軍隊恐怕就更為難了。即使如此，他們用原始武器開火的那股勁頭，也顯示出他們渾身是膽」。

歷史文化知多點

吉慶圍鐵門

1899年新界抗英失敗後，英國人懷疑有抗英人士逃入錦田的吉慶、泰康兩圍，要入內追捕。英軍開炮轟不開兩圍堅固的圍牆，駱克派工兵炸開圍牆，但入內搜索一無所獲。他於是下令取走吉慶圍的連環鐵門，聲稱「作為對當地人抗英的一種懲罰」。他將鐵門獻給港督卜力。後者任滿回國後，用鐵門裝飾他在艾爾勒（Eire）的私宅。

1925年5月26日，為了緩和與香港華人的緊張關係，英國將在1899年搶去的一對連環鐵門歸還錦田吉慶圍。這兩道鐵門保存至今，見證新界鄉民抗英的歷史。

▎吉慶圍的鐵門（劉蜀永攝於 2014 年）

第二節 殖民統治的確立

一、總督權力至高無上

談及英國在香港的殖民統治，首先就要了解香港總督的權力和地位。為什麼香港總督葛量洪（Alexander Grantham）形容「總督的地位僅次於上帝」？又為什麼研究香港政治的學者邁樂文（Norman John Miners）形容總督被法律授予的權力「可以使自己成為一個小小的獨裁者」？這就有必要清楚認識

《英王制誥》和《王室訓令》的修訂版

確立殖民統治機制的兩份憲制性文件。

　　1843年4月5日，英女王頒佈《英王制誥》（Letters Patent），宣佈設置「香港殖民地」，《英王制誥》的條文主要是給予港督方方面面的賦權，權力來源是英國王室，大部分條文的開頭都是「授權並賦權於總督」。《英王制誥》賦予港督絕對的統治權，要求香港所有官員和居民都應服從港督命令。

　　《王室訓令》（Royal Instructions）是1843年4月6日以英王名義頒發給第一任港督砵甸乍的指示，是一種執行細則，主要涉及行政局和立法局的組成、權力和運作形式，以及港督在

兩局的地位和作用、議員的任免、如何作出決議和制定法律等多項大權。

英國直接委任總督代表英國管治香港，從未徵詢港人意見。總督只向英國負責，完全聽命於英國政府，被授予在香港至高無上的權力，不受當地任何制約，總攬行政、立法大權於一身，擁有對政府高級官員和法官的任免權，並曾兼任駐港英軍總司令。

砵甸乍，第一任香港總督，也是指揮英軍攻佔南京的罪魁禍首。

二、行政局和立法局

《英王制誥》對行政局（Executive Council of Hong Kong）與立法局（Legislative Council of Hong Kong）兩大機構的職能界定是，行政局就政策給港督提供諮詢與協助，立法局在制定香港法律和法例時給港督提供諮詢，但權力在港督手中。英佔初期，名義上有兩局，實際是同一班人數極少的英籍高官，且都以服從港督的意志為準則。

1843年港英行政局成立初期人數很少，只有商務監督助理參遜（A. R. Johnston）、漢文正使秧馬禮遜（J. R. Morrison）、總巡理府威廉·堅（W. Caine）三人。人數少主要是為了便於港督集權。成員都是官方身份，也是為了更好地貫徹港督的意志，因《英王制誥》規定香港官員必須服從港督。行政局在性質上屬於諮詢架構，並無實質行政權力。

港英立法局名不副實，實際並沒有獨立的立法權，也並非三權分立體系中具有制約作用的立法機關，立法的權力牢牢掌握在港督手中。立法局服從總督的意志，非經總督提議，它無權通過條例或討論任何動議。《王室訓令》規定，總督作為立法局主席，投票表決時除擁有本身的一票外，在贊成和反對票數相等的時候，還有權再投決定性的一票，以保證自己的意圖得到貫徹。即使立法局全體議員一致反對，他照樣有權按己意制訂和頒佈法例，「如同經該局全體議員一致投票通過一樣」，除了必須得到英國政府贊同以外，港督的立法權不受其

他限制。立法局制定的法律，通稱為「條例」（Ordinance，十九世紀時譯作「法例」）。立法局設立初期，只有官守議席，人數基本與行政局相同，也是為了方便港督集權。

港英政府先後設置各種官職，據1845年1月的《中國叢報》（*Chinese Repository*）記載，當時香港政府的官員在總督之下，有副總督、總督私人秘書、華民政務司、按察司、律政司（即檢察長）、輔政司、庫務司、考數司、總巡理府、總測量官、總醫官及驛務司等。其中特別需要指出的是華民政務司，這一職設於1844年，初期的主要任務是負責全港人口登記。但後來英國殖民者為加強針對華人的統治，1846年末，香港立法局通過《人口登記及戶口調查條例》（Registration and Census Ordinance, No.7 of 1846），授予華民政務司撫華道、太平紳士和兼任警察司等頭銜，並規定他有權隨時進入任何華人住宅和船艇搜查。

歷史文化知多點

英佔初期港督的「花名」

　　早期派來統治香港的港督大都才華平庸，執政水準和道德水準都飽受批評，連英國人內部都認為這些人不入流。英國學者韋爾什（Frank Welsh）在《香港史》（*A History of Hong Kong*）一書中就記述了一些港督的「花名」。

　　曾任英國首相的巴麥尊（Viscount Palmerston）給港督寶寧（John Bowring，任期1854-1859年）起的綽號是「庸醫」：「沒有半點東方乃至殖民地經驗」。曾任英國外交大臣的格蘭維爾勳爵（Granville George Leveson-Gower, 2nd Earl Granville）形容港督寶雲（George Bowen，任期1883-1885年）為「自命不凡的猴子」：「遊手好閒、自視甚高、一味諂媚那些高高在上的相識」。

三、新界管治模式

　　1898年10月20日，英國發佈《新界敕令》（New Territories Order in Council），宣佈將新界併入英國的殖民統治之下。為加強對新界的管控，港英政府在接管新界不久，就大力在新界建立警署。至1911年，在新界共建立了十七座警署，其中代表性的有大埔警署（1899年）、凹頭警署、屏山警署（1900年）、西貢警署、沙頭角警署（1901年）、上水警署

建於 1907 年的舊北區理民府（劉蜀永攝於 2009 年）

與大澳警署（1902年）。

為加強對新界的管理，1907年9月港英政府還特別設置了「理民府官」（District Officer）一職，管治機構則稱為「理民府」（District Office），官署設於大埔。理民府官總攬管治新界的各項職權，譬如司法、土地管理等。

港英當局如何竊取新界居民的土地

港英當局竊取新界居民土地，所用的方式是用承租權取代永久業權。

1899年接管新界以後，港英政府要求新界居民交出土地房產的官印紅契和民間交易的白契，作為業權的證明。此後，新界土地業權人沒有任何有法律效力的契據可以證明他們的永業權。1905年港督代表英王簽署的「集體官批」（Block Crown Leases），其性質是租約，給予原來土地業權人的只是租期75年，可續租24年（減三日），並非原來擁有的永久業權。

第三節 鴉片貿易與苦力貿易

香港作為一個條件優越的自由港，最初英國人主要用來做什麼貿易呢？答案並不光彩，他們主要用來做兩類罪惡的貿易——鴉片貿易和苦力貿易。

一、鴉片貿易

在佔領香港的初期，英國人把香港「發展」成遠東最大的鴉片走私中心，1845－1849年，從印度運往中國的鴉片，有四分之三是經香港轉銷的。另外，根據香港庫務司馬丁（R. M.

Martin）1844年7月24日的報告，當時香港主要的洋行，如怡和洋行、顛地洋行等皆從事鴉片貿易。

港英政府當然不會錯過利用鴉片獲利的機會。它在本地實行鴉片專賣，又為販賣和吸食鴉片的人提供法律保護，並通過鴉片包稅商向鴉片消費者徵收鴉片稅。據統計，1845年的鴉片稅收約佔香港歲入的10.8%；1858年為7.2%；1859年為9%。1918年，港英政府從鴉片貿易中取得歷史上最高的收入，佔當年歲入的46.5%，成為香港財政的主要來源。

▎ 停泊在香港附近海域的英國鴉片躉船（約 1839 年，中國油畫）

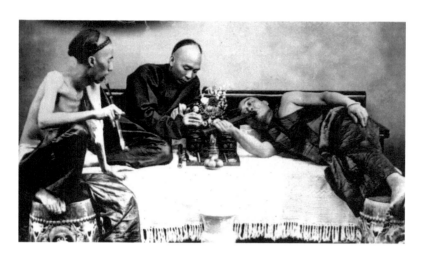

清代的吸食鴉片者

二、苦力貿易

　　苦力貿易是英國佔領香港時期的另一項充滿血淚的罪惡經濟活動。1847年美國加利福尼亞發現金礦，1851年澳洲也發現金礦。雖然金礦開採利潤高，但從事開採工作的環境卻十分艱苦，本地人並不願意去金礦當苦工，因而金礦開採亟需輸入勞動力。西方殖民者因此瞄上了刻苦耐勞的華工。大部分中國人安土重遷，並不願意遠渡重洋去異國工作。西方殖民者為了金錢，不擇手段，用欺騙或拐賣的方式，強迫華工簽下當苦力的契約。

　　1851－1872年，經香港中轉的華工苦力超過32萬人，給人販子帶來了相當於兩倍支出的巨額利潤。例如，人販子將一個

中國苦力運到秘魯或西印度群島，平均支出117－190元，當地種植園主收買苦力的價格是人均350－400元，人販子獲得的利潤大約每個苦力200多元。一個個數字背後是一個個華工悲慘的血淚史。

第四節 轉口港地位的形成

一、轉口貿易的初創階段（1841－1860）

英國在佔領港島之初，將香港闢為自由港，迅即吸引外商前來發展。所謂自由港，就是商品可以免徵關稅自由進出的港口、海港地區或海港城市。在自由港區域內，外國商品可以進行分裝、加工、儲存等活動。設立自由港的目的是吸引外國貨船，發展貿易轉口集散、倉儲、加工等業務，繁榮地區經濟。

據統計，1843年已有22家英國商行、6家印度商行和一批來自新南威爾士的商人在港島落戶。1848年在香港結關的外貿商船共700艘，總噸位228,818噸，比1842年分別增加84%與68%。其中，英國的商船數和噸位數均居首位，其次為美國、西班牙和印度。

建港初期，運入香港的貨物有鴉片、百貨、棉花、棉紗、茶葉、絲綢、大米、鹽、糖、煤炭、木材等。其中，印度的鴉片、棉花和英國的百貨絕大部分轉銷中國內地。來自內地的茶葉、絲綢和土產品主要銷往英國和印度。各種大宗商業交易均

| 約 1880 年的港島灣仔和維多利亞港

掌握在英國的怡和、顛地和美國的旗昌（Russell & Co.）等幾家大洋行手中。

二、轉口港地位的確立階段（1860－1900）

第二次鴉片戰爭後，英國控制了整個維多利亞港，有了優

越的深水海港，並迫使中國開放更多通商口岸，客觀上使得英國對華貿易量增加。此外，蘇伊士運河開通和新的交通與通訊技術的發展，也使得貿易周期縮短，更為便捷。

隨着轉口貿易的發展，1860年代初英國在香港進行了一系列經濟立法，譬如1860年的《商船條例》（Merchant Shipping Ordinance, No.10 of 1860）、1862年的《產權保護法》（Protection of Patents, No.14 of 1862）、1863年的《商標法》（Trade Marks, No.8 of 1863）、兩度制定的債務人與債權人法律（The Law of Debtor and Creditor, No.4 of 1863, No.5 of 1864）和1864年《商業法》（Commercial Law, No.13 of 1864）等商業立法。

這一時期的轉口貿易，進出口的商品，主要是中國農副產品（如絲、茶、大豆、植物油、煙草、皮革、羊毛等）、特產（如瓷器）及中國需要的工業品和原料（如棉紡織品、石油、水泥、鉛、鐵等）。大部分進口貨物用於轉口。鴉片仍是進出口貨物的大宗，但工業製品所佔的比重已增大，本地也有部分工業品如紙張、蔗糖、水泥、纜繩出口，與1840－1850年代的商品結構不同。

中國內地在該時期就已經佔據香港轉口貿易的很大份額。以香港對華轉口貿易為例，1880年中國內地進口貨值的37.1%和出口貨值的21.3%由香港轉運；1885年，上述比重分別上升為39.5%和24.4%；1890年，分別為56%和37.8%。香港在中國

外貿總額中的比重明顯增加，1898年，在香港結關的外貿船舶共1.1萬艘，總噸位計1,325.2萬噸，比1860年分別增長3.8倍和8.5倍。

香港的轉口港地位一直維持到1950年代初朝鮮戰爭爆發。它獲得如此地位，背後的因素有三個方面。第一個是第二次鴉片戰爭期間，英國割佔了九龍，獲得了九龍和香港島之間適合船隻停泊的廣闊水域（即今天的維多利亞港）；第二是該時期歐美主要資本主義國家完成了工業革命，生產了大量過剩的產品，需要產品傾銷地，而中國被視作一個巨大的市場；第三是連接歐亞的海上交通設施建設的完善，如蘇伊士運河通航和歐亞海底電線的鋪設，更加便利了歐亞的貿易往來。要輸入產品到中國，香港自然成為一個重要的中心。

第五節 早年教育

早年香港教育帶有濃厚的英國殖民色彩，港英當局試圖通過開辦西式學校培養親英華人。這些學校為華人學生提供了向西方學習的場所，培養出了孫中山等在中國近代史上有影響的人物，客觀上對中國社會的進步有所影響。

英國佔領香港島初期，香港政府關心的只是設置統治機構、修築辦公房舍、建立殖民統治秩序，對興辦學校並不熱心。香港較早的西式學校都是教會人士開辦的，他們在香港辦

學的主要動機是培養本地傳教士。

經香港政府批准，1862年2月，由四所官立學校合併而成的中學——中央書院在香港開學。1889年，該校更名為維多利亞書院，1894年起改稱皇仁書院，該校名一直沿用至今。孫中山、何啟、胡禮垣、唐紹儀、何東、劉鑄伯等中國近代史和香港史上的知名人物，都曾在中央書院讀書。

歷史文化知多點

1896年皇仁書院的考題

以皇仁書院為代表的香港西式學校，將西方的重商主義與反封建的政治思想灌輸給學生，從其帶有引導性的考題可窺見一斑。

考題一：對外貿易的好處

考題二：處死查理一世（Charles I）是否正確

考題三：詹姆士二世（James II）為何喪失王位

直至1887年香港才有了第一所大學專科學校——香港西醫書院（The Hong Kong College of Medicine for Chinese）。為了培養華人醫生、護士，在中國傳播醫學，白文信博士（Dr. Patrick Manson）等一批外籍醫生在何啟的參與下，發起創辦香港西醫書院。該校為五年制醫學院，1887年10月1日在香港

大會堂宣告成立。孫中山是香港西醫書院的首批學生之一。

關於十九世紀港英當局辦學培養中國學生的動機，請注意香港教育委員會1902年的報告中的這樣幾段話：

> 從大英帝國的利益着眼，值得向所有願意學習英語和西方知識的中國青年提供這方面的教育。如果所用經費不多，即令他們不是本殖民地居民，也值得這樣做。
>
> 皇仁書院九百名孩子大部分屬於這一類型：在內地他們自己的學校學習中文以後，他們被學習英語的便利條件吸引到本殖民地來。他們與香港華人子弟沒有區別，建議不要廢止這一政策。本殖民地的額外支出微不足道，而英語的傳播，對我們大英帝國友好感情的傳播，使英國在華得到的收益將會遠遠超過這筆費用。

這些話清楚地說明了十九世紀英國在香港辦學的利己動機。他們企圖用有限的教育投資，在維護英國在華勢力方面，得到盡可能多的收益。

在香港辦學的英國人中，也有像康德黎（J. Cantlie）這樣的友好人士，懷有幫助中國進步的真誠願望。1892年7月，他在西醫書院首屆畢業典禮上發表講演說：「我們教育他們（學生），不受金錢報酬或其他補助，只不過自願奉獻於科學尚不發達的中華帝國而已。」他還鼓勵學生「心目中牢記一個偉大

的原則——為把科學和醫術輸入中國而奮鬥」。

　　早年在香港接受西方教育的中國學生中，不乏關心國家前途的志士仁人，他們在近代中國的不同歷史時期從不同方面，為中國社會的進步作出過貢獻，容閎、何啟、胡禮垣、孫中山、楊衢雲等就是他們的傑出代表。

　　香港大學是香港創立最早的一所大學，1912年9月正式開學，聘請原任設菲爾德大學的副校長、東方學家愛理鄂（C. Eliot）為副校長。由於校監例由港督兼任，愛理鄂實際上負起

香港大學主樓（攝於 1912 年，照片由香港大學提供）

學校的日常職責。在學院設置上，初時有醫學院和工學院，次年成立文學院。第一屆學生僅72名，其中工科學生31名、醫科21名、文科20名。

當年大力推動在香港成立大學的香港總督盧吉（Frederick Lugard）明言，港大的使命，是為中國而立，要服務香港，更要向「落後的中國」宣揚大英帝國的文化，進而輻射整個遠東。港大「為中國而立」這個口號，不同的人有不同的解讀，但無論如何，都說明了港大與中國有密切的關係。

曾赴港大就讀，後擔任新中國成立後清華大學第一任副校長的劉仙洲教授（劉振華是其另一個名字），圖為其著作《機械學》與肖像。

二戰以前，曾有一批內地青年或華僑學生前往香港大學讀書。他們一般首先在港大讀本科，打下較好的專業知識基礎後，再前往英美等西方國家深造。這批學生人數不多，但學成歸來後，多數成為國內文教、衛生及科技界有影響的人物，對祖國的經濟建設和文化建設做出過重大貢獻。他們之中，有原中華醫學會會長林宗揚教授、原清華大學副校長劉仙洲教授、原鐵道部副部長石志仁教授、原天津大學副校長趙今聲、著名美學家朱光潛教授等。

第六節 種族歧視與種族壓迫

　　鴉片戰爭後，英國管治下的香港基本上是一個華人社會，以廣東人為主體的華人一直佔總人口百分之九十以上。不過，掌握社會實權的是佔總人口不到一成的西方人，特別是英國人。香港政府的所有高級職務，幾乎全由英國人擔任。香港總督由英國直接委派，其他高官亦由英國人出任。這些官員是歐人社會的核心。直至《中英聯合聲明》簽署之後，才有華人擔任政府高官。

　　西商是香港西方人社會的重要組成部分。西商之中以英商居多。他們憑着英國的背景，在商業競爭中獲得了有利地位，成為香港最大的投資者和受益者。英資財團控制了香港的經濟命脈，其中怡和洋行和滙豐銀行的實力尤為雄厚。

在政治方面，英商也是香港政府的重要支柱。1850年至1900年，香港總督任命的全部43名立法局非官守議員中，有35人是英商經理或大股東。1896年，行政局首次設立非官守議員，兩個席位均屬英商。他們對重大問題的觀點往往與港府一致，對強化殖民管治十分有利。佔香港人口絕大多數的華人則長期被排斥在立法局大門之外。直至1880年1月19日，經過港督軒尼詩（John Pope Hennessy）向英國政府爭取，伍廷芳才擔任了代理立法局議員。此後，黃勝、何啟、韋玉相繼成為立法局議員。但到1895年為止，華人在立法局只有象徵性的一個席位，1896年才增至兩個席位。

總結香港殖民統治的早期歷史，英國人無論身在官場或者商界，都扮演着控制香港社會發展的角色。與之相應，當時的種族關係極具歧視性，即使是華人精英也受制於不平等的社會結構。

在法律上，香港政府管治華人的一種方式是所謂「以華律治華人」。1841年2月1日，義律和伯麥（James Bremer）聯名向島上華人發佈通告，宣佈在英國國王未頒佈命令之前，實行《大清律例》。1845年3月，香港總督戴維斯（John Francis Davis）在給殖民大臣史坦萊（Edward Smith-Stanley）的信件中說明了其意圖：「按照英國法律或習慣對一貧如洗、頑梗不化的中國罪犯從寬處治，只會招致他們的嘲笑，看來需要採取他們所習慣的懲罰方式，按照中國刑法統治他們。」顯然，壓

1872 年以後，英國已不再將犯人戴木枷示眾，港英當局卻用此「華律」來治華人。港英當局還長期對華人犯人實施公開鞭刑。

迫性的法律有利於支持殖民統治。

英國佔領香港島初期，幾乎每天都有華人被警察公開鞭笞。1846年4月25日的一天之內，至少有五十四名華人因為細故被警察處以笞刑，並受到割去髮辮的侮辱。

殖民政府還另外訂立了一些歧視性的法例。宵禁是顯著的事例之一。1842年10月，港英當局宣佈禁止華人晚上11點

後上街。1844年再宣佈華人晚上11點以前出門，要提一個有店舖或自己名字的燈籠。1857年1月6日，香港總督寶靈（John Bowring）頒佈《維持地方治安條例》（Peace of the Colony Ordinance），進一步強化宵禁制度。根據這項法例，如在室外發現任何華人，若有理由懷疑其圖謀不軌，該人又對盤查不加理會或拒絕回答，巡邏兵甚至有權將其擊斃。直到1897年6月，延續了五十多年的宵禁才宣告廢止。在此期間，香港的西人社會卻是不受到宵禁限制的。

港英當局多次頒佈法例實行種族隔離。1888年，總督德輔制定了《保留歐人區法例》（European District Reservation Ordinance），規定在威靈頓街和堅道之間的地區內只許建造歐式房屋，並限制居民人數，以防華人遷入。1902年，港府通過同類條例，規定尖沙咀至九龍城地區為歐人住宅區。1904年，《山頂區保留條例》（Peak District Reservation Ordinance）頒佈，禁止華人在山頂區居住。這項法例在立法局辯論及通過前後，曾經引起華人議員的猛烈批評，以及華人的強烈抗議。

在司法上，華人和歐裔人士的待遇也不平等。一個典型的例子發生在1850年，英人斯蒂爾（Newton Steele）持刀傷人後，被高等法院判處監禁一年。而在同一個法庭上，一名華人卻因為干犯類似的罪行而被判處十五年流放。服刑期間，華人同歐裔人士的待遇差別也很大，每個外國囚犯平均所佔的囚房

圖片反映出港英當局種族隔離、分區而居的政策。前景為早年港島西區華人聚居地,遠景為西人居住地。

面積比華囚大四至五倍。在監獄中,華人會隨時遭受鞭打。例如1860年6月,一名華囚因病不能做工,竟遭鞭笞,並罰以單獨監禁,口糧減半,結果慘死獄中。白人囚犯在一切方面都享受優待,有些英國囚犯甚至不必遵守獄規。例如1863年4月代理典獄長賴亞爾(Ryall)舉行婚禮,罪犯斯坦福(Stanford)竟身穿晚禮服前往赴宴,飲酒作樂通宵達旦。這與獄中華囚的處境形成鮮明對照。

香港總理監務官示　為招人投票承接本港監犯伙食以六個月為期由本年英五月廿六日起至十一月廿五日止各物務要好貨每日交主　第一單歐羅巴犯每日用麵頭十二兩除骨牛肉或猪肉六兩薯菜十二兩薬茶三錢三分糖二兩半廳三錢三分柴二十四兩備觀半兩每人每日該先時若干○唐人應路等犯每日用米廿二兩每禮拜一次薯菜一勴每禮拜五次鹹魚二兩每禮拜一次鮮魚四兩並簡爾一兩茶葉三錢三分鹽三錢三分柴二十四兩備觀半兩每人每日該先時若干　第二單生油每担○戀心每斤○麵包牛肉猪肉魚鶏薯菜米西米每磅該銀若干○鶏旦每打臣牛乳每罇該銀若干○如要知其詳細可到監房寫字樓問便安其票準於庚申年四月初一日午時截收　一千八百六十年五月初四日示

1860年《香港政府憲報》刊載的「監犯伙食招標啟事」，明顯看出華洋囚犯的伙食標準差別很大。

何東家族是當時僅有獲准在山頂居住的華人。何家認同華人身份，自稱籍貫廣東寶安。不過，何東的生父卻是來自荷蘭的猶太人。因此，他們實際屬於歐亞混血兒（Eurasian）群體。即使如此，何東年幼的兒女經常被外籍小孩排斥，甚至被要求從山頂搬走。由此可見當時香港西人社會種族歧視觀念的頑固。

有關早年香港木球場的一張圖片。一華人轎夫不幸被木球擊中，有的洋人卻幸災樂禍。

第三章

二十世紀香港前期政治

　　如果你僅僅將香港看作是經貿發達的國際大都會，那或許忽視了從政治層面上，香港在中國近現代歷史中發揮過的獨特作用。在辛亥革命、中國工人運動、土地革命、抗日戰爭、新中國建立等重大事件和政治運動中，香港均扮演了不可或缺的角色。

　　香港是對辛亥革命運動影響最大的中國城市之一。1920年代香港的兩次大罷工壯大了中國工人運動，其中許多工運領袖後來更成為了中國共產黨的重要幹部。土地革命時期，中共廣東省委曾轉移到香港開展革命工作。香港也是上海到中央蘇區秘密交通線重要的一環。抗戰初期香港成為抗日救亡運動的活動中心。香港淪陷時期，中國共產黨領導的東江縱隊港九獨立大隊成為香港唯一一支成建制、由始至終堅持戰鬥的抗日武裝力量，極大地干擾了日軍的戰略部署。

第一節 香港與辛亥革命運動

一、孫中山革命思想發源地

　　1883年11月，少年孫中山到香港的拔萃書室讀書，後來轉到中央書院。1887年，原本在廣州讀醫的孫中山轉校到新開辦

的香港華人西醫書院，並在1892年7月以優異成績畢業。孫中山在香港七年的學校生涯，對他的革命思想形成至關重要。

孫中山那時候可算是個勤奮好學、思想前衛，還帶點叛逆的青少年。據同學關景良回憶，孫中山讀醫五年期間非常認真勤奮，白天學醫，晚上研究中文，有時還會在深夜起來燃燈誦讀。他最喜歡讀的書是藍皮譯本的《法國革命史》和達爾文（Charles Robert Darwin）的《進化論》，這兩本書對他的思想影響很大。

歷史文化知多點

「四大寇」

孫中山在香港學醫期間（1887－1892年），經常和三位志同道合的朋友陳少白、尤列和楊鶴齡聚會於歌賦街8號楊鶴齡祖業楊耀記商號，高談闊論反清革命，因此被人稱為「四大寇」。

1923年2月20日，孫中山在香港大學發表演講。在回答他「於何時及如何而得革命思想及新思想」這一問題時，他說：「我之此等思想發源地即為香港，至於如何得之，則我於三十年前在香港讀書，暇時則閒步市街，見其秩序整齊，建築閎美，工作進步不斷，腦海中留有甚深之印象。」這說明香港的

號稱「四大寇」的革命志士楊鶴齡、孫中山、陳少白、尤列（由左至右），後排是孫中山的同學關景良。

城市建設和管理，是使他立志學習西方、改造中國的原因之
一。

二、香港興中會與同盟會香港分會

　　孫中山和他的戰友曾先後在香港建立了兩個秘密的革命組
織——香港興中會和同盟會香港分會，使香港成為革命運動其
中一個指揮中心和活動基地，對於中國的革命和民主化進程產
生了深遠影響。

　　1894年，孫中山在檀香山創立了興中會；翌年1月底，他

1923 年 2 月 20 日，孫中山在香港大學發表講演，稱香港是他革命思想和新思想的發源地。圖為演講後他與港大師生合影。（香港大學圖片）

回到香港，召集舊友籌組「香港興中會」。當時香港還有一個名為「輔仁文社」的進步團體，由楊衢雲、謝纘泰領導。孫中山見輔仁文社與興中會宗旨相同，於是建議合併為一個團體；楊、謝二人欣然同意。1895年2月，香港興中會成立，會址設在中環士丹頓街13號，為了掩人耳目，會址外面掛了一塊「乾亨行」商號招牌。

1905年8月，孫中山在日本東京成立中國同盟會。該會宗旨是「驅除韃虜，恢復中華，創立民國，平均地權」。同盟會成立僅兩個多星期後，孫中山便派遣馮自由、李自重前往香

香港興中會首任會長楊衢雲
（1861—1901）

港，並與陳少白、鄭貫公等組成同盟會香港分會，由陳少白出
任會長，會址設在《中國日報》報社。

三、孫中山在香港策劃武裝起義

　　革命黨人以香港為基地，發動過多次推翻清朝專制統治的
武裝起義。從1895年香港興中會建立至1911年辛亥革命成功的
十六年間，孫中山直接策劃的南方十次武裝起義，其中就有六
次是以香港為基地進行的。這六次武裝起義是乙未廣州之役、
庚子惠州之役、潮州黃岡之役、惠州七女湖之役、廣州新軍之
役和廣州「三‧二九」之役。此外，興中會會員謝纘泰策劃的

1901年楊衢雲被清廷暗殺後，被好友陳少白、謝纘泰葬於跑馬地香港墳場。為避免遭受破壞，墓碑未刻上姓名。（張志翔攝）

洪全福廣州之役，也是以香港為基地進行的。這些起義在軍事上皆未取得成功，卻在中國社會引起極大的震動，為武昌起義的成功奠定了思想基礎。

位於港島士丹頓街 13 號乾亨行的香港興中會舊址，後改為永善庵。（李君毅攝於 1965 年）

歷史文化知多點

下白泥碉堡

　　元朗下白泥碉堡是香港目前少數保持完好的辛亥革命運動遺址，2011年被特區政府列為法定古蹟。碉堡是1910年廣州新軍起義失敗後，由革命黨人鄧蔭南建造，為革命黨人提供藏身之地。下白泥位於元朗稔灣，面向后海灣，人煙稀少。碉堡呈方形，由青磚建成，樓高兩層，一樓與天台之間設有閣樓，外牆上有槍孔用於防禦。附近原建有稻米磨坊和煉糖廠，不過已於多年前拆除。

| 香港法定古蹟元朗下白泥碉堡（劉蜀永攝於 2007 年 2 月）

任何革命都是一個艱苦卓絕的過程，需要付出巨大的努力和犧牲。眾多起義之中，以廣州「三·二九」之役最為壯烈。革命黨人於1911年1月在香港建立統籌部，黃興任部長，趙聲為副，下設調度、交通、儲備、編制、秘書、出納、調查、總務八個課，分別由胡漢民、陳炯明等出任課長。統籌部陸續收取華僑匯往香港的捐款，並從日本、越南等地購買軍火，還在香港中環擺花街設立基地製造炸彈，在九龍海邊荒灘試爆。雖然起義最終失敗，但這次起義仍然點燃了全國各地的革命熱情，推動了武昌起義的爆發。

四、陳少白與《中國日報》

香港曾是辛亥革命運動的宣傳重地，革命黨人創辦的第一家報紙《中國日報》1900年在香港誕生。這份報紙的創辦人是孫中山在香港西醫書院的同窗好友、「四大寇」之一的陳少白。報紙刊載大量反清文章，旨在揭露清朝政府腐敗，為革命運動提供道德依據，其中以孫中山發表的〈中國問題之真解決〉最具代表性。《中國日報》也是革命黨人與保皇黨筆戰的場地，亦有報道起義戰況。《中國日報》的成功，引起海外及香港其他革命報紙爭相效仿，對開啟晚清華人民智貢獻良多。

五、革命富人李紀堂

從乙未廣州之役到廣州「三·二九」之役的十幾年間，香港一直在革命經費的籌措上扮演主要角色。香港一些華商為了支持革命運動努力不懈，不惜傾家蕩產。曾大力捐助革命的香港華商有黃詠商、余育之、李紀堂、李煜堂、林護等，其中又以李紀堂為最。

李紀堂家世顯赫，父親是香港首屈一指的富商李陞。1895年孫中山在廣州首義失敗後乘船往日本，因為改船票引起在買辦房工作的李紀堂的注意。李紀堂特意登船會見孫中山，對他的言談舉止大為傾慕，自此與孫中山結為知交，後來更加入興中會。他曾為庚子惠州之役和維持《中國日報》社提供大量經費。1901年李紀堂撥出五十萬元經費支持洪全福起義行動。隨

陳少白

傾家蕩產支持孫中山的「革命富人」
李紀堂

後又在屯門青山購買土地經營青山農場,為革命黨人設立基地,收容內地撤退和海外回歸的革命志士。李紀堂多年來為支持革命而散盡家財,最後落得債台高築、晚景坎坷的結局。李紀堂曾經被革命黨人譽為「革命富人」,結果畢生家財付諸革命,最後以「革命窮人」收場,對辛亥革命作出了無私奉獻。

六、辛亥革命元老葉定仕

新界蓮麻坑村村民葉定仕是新界原居民中對辛亥革命貢獻最大的人,辛亥革命的元老之一。葉定仕十六歲時被「賣豬仔」到曼谷學裁縫,因為手藝高超,不僅得到暹羅王室女士們的好評,還得到了一位公主的青睞,在1905年娶這位公主為妻。他因此結識了很多暹羅達官顯貴,逐漸成為一位擁有財富和社會地位的僑領。

1905年孫中山於日本成立同盟會,消息傳到遠在暹羅的華僑社會。葉定仕和一批愛國華僑毅然決定追隨孫中山,從事推翻清朝專制統治的革命,於1907年成立中國同盟會暹羅分會。葉定仕曾擔任分會會長,對會務貢獻巨大。可是,推翻專制統治不是容易的事。1910年,一批同盟會同志攜帶軍服、槍械、旗幟等由曼谷出發,支持雲南的革命活動,途中被暹羅警方逮捕。葉定仕馬上利用自己與暹羅軍政界的特殊關係,將他們營救出獄。事後,暹羅政府警告葉定仕立即停止反清活動,葉定仕據理力爭,結果被撤銷軍服生產承包權。儘管如此,葉定仕

香港法定古蹟沙頭角蓮麻坑村葉定仕故居。1906年葉定仕到孫中山故鄉參觀後，懷着對孫中山的敬仰，仿照孫中山家居樓房中西合璧的模式，在自己家鄉建造了這座樓房。

仍不惜傾家蕩產支持革命黨人的武裝鬥爭，最後生活也因此陷入了困境。

第二節 香港與中國工人運動

一、香港海員大罷工

香港是轉口貿易港，航運業發達，海員人數眾多。他們受海外工人運動影響較早，思想活躍。1920年代初，香港的物

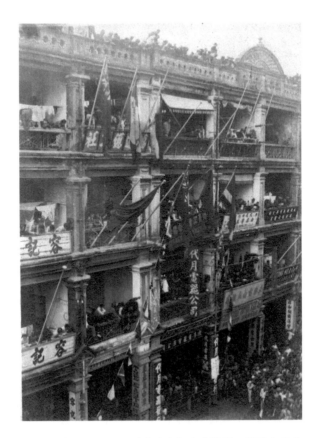

1922 年 3 月 6 日，香港政府把中華海員工業聯合總會招牌送回德輔道中原處懸掛。（黎民偉攝）

價飛漲，海員的生活變得極其艱苦。中華海員工業聯合總會曾三次向各大船務公司提出加薪要求，對方視而不見。香港海員忍無可忍，於1922年1月12日宣佈舉行大罷工，並分批返回廣州。香港政府對罷工採取強硬政策，宣佈中華海員工業聯合總會為「非法團體」，並且查封了幾家參與罷工的工會，令局勢更加緊張。不過，勇敢的香港海員並沒有退縮。2月底，全港各行業的工人舉行總同盟罷工，支持海員的要求。到了3月初，罷工人數更是增加到10萬人以上。大罷工造成香港交通中斷、生產停頓、商店歇業。經過多方談判，船主終於同意增加海員的工資，而政府也同意恢復海員工會的合法地位，派人送回海員工會的招牌。這場海員大罷工終於以勝利告終！

二、省港大罷工

列強在中國各個條約口岸設立工廠，其中以日資工廠對中國工人待遇最為嚴苛。1925年2月，上海一家日本棉紗廠的工人因為反對日方開除和毆打工人而發起罷工。5月中旬，該廠工人代表顧正紅被日本人槍殺。學生為顧正紅舉行追悼會，卻被上海公共租界巡捕房逮捕。5月30日，二千多名學生在公共租界發表演講，支持罷工工人，要求釋放被捕的學生。英巡捕干預時向示威者開槍，造成當場打死十三人、打傷數十人的「五卅慘案」。這一事件引發了全國各地的反帝罷工，其中規模最大、時間最長的是省港大罷工。

示威隊伍中的省港罷工委員會

省港罷工委員會宣傳部出版的《罷工畫報》

上海爆發「五卅慘案」後，香港工人反帝情緒十分高漲。中國共產黨派遣鄧中夏、楊殷等到香港發動工人罷工。6月19日晚大罷工爆發。罷工工人搭乘火車、輪船陸續返回廣州，香港陷入一片混亂。

6月23日，廣州舉行了一場規模龐大的示威大遊行，共十萬名各行各業群眾和省港罷工工人參與其中。沙面租界的英法水兵竟然用機槍朝遊行群眾掃射，造成二百餘人傷亡的「沙基慘案」。消息傳到香港後，罷工規模進一步擴大。先後共約二十五萬香港工人參加了大罷工。這場省港大罷工持續了整整十六個月，創下世界工運史上前所未有的紀錄。罷工沉重打擊了英國對香港的殖民統治，並有力地支援了內地的國民革命運動。

三、香港工人運動培養的中共領導骨幹

1922年的香港海員大罷工和1925－1926年的省港大罷工是中國近代史上兩次偉大的工人運動。領導海員大罷工的蘇兆徵、林偉民是工人中的優秀代表，後來都參加了中國共產黨。

香港的工人運動，特別是香港海員工會為中國共產黨培養了一批領導骨幹，蘇兆徵、林偉民、陳郁、鄧發、曾生是其中的傑出代表。這也反映出產業工人是中國共產黨誕生的階級基礎。

蘇兆徵 (1885 － 1929)

早期中國工人運動領袖，香港海員大罷工、省港大罷工領導者之一，曾任中華全國總工會委員長、中共中央政治局常委。

林偉民 (1887 － 1927)

早期中國工人運動領袖，香港海員大罷工、省港大罷工領導者之一，曾任中華全國總工會委員長。

陳 郁 (1901 － 1974)

以海員身份參加過香港海員大罷工、省港大罷工。曾任中華全國海員工會主席、中共香港市委書記。新中國建立後，曾任燃料工業部和煤炭工業部部長、廣東省委書記、省長。

鄧 發 (1906 － 1946)

參加過香港海員大罷工和省港大罷工，1934 年參加長征。曾任中共駐新疆代表、中共中央黨校校長、政治局候補委員。

曾 生 (1910 － 1995)

曾任中共香港海員工會書記、廣東人民抗日游擊隊東江縱隊司令員、兩廣縱隊司令員。新中國建立後，歷任南海艦隊副司令員、國家交通部部長。

第三節 早年中共與香港

一、香港最早的中共黨員

　　中共建黨時就有香港人參加。香港人袁振英在皇仁書院畢業後考入北京大學,曾協助陳獨秀開展建黨活動和編輯《新青年》雜誌。他先後參加上海、廣州的共產黨早期組織,在中國共產黨和社會主義青年團的創建中作過重要貢獻。中共中央黨史研究室編著的《中國共產黨歷史》第一卷(中共黨史出版社2002年版)中,在記述中國共產黨的誕生時,有兩處提到過袁振英的名字。

(左圖)陳獨秀(1879－1942),五四運動主要領導人、中國共產黨創建人之一;(右圖)袁振英(1894－1979),香港最早的中共黨員。

1923年6月，香港已經有了中共領導的社會主義青年團。同年10月14日至16日，林君蔚作為香港地方代表，出席社會主義青年團粵區代表大會。他的職業是香港政府視學官。據團香港地委1924年1月的調查，當時香港已有林君蔚等三十九名青年團員。據同年5月的報告，當時香港已有李乙袾（義袾、義寶）、林均惠（林君蔚）、杜純綱、羅朗佳、楊開、易全、黎熾等七人入黨，他們應該是香港本地第一批共產黨員。

二、廣東省委在香港

　　1927年4月15日，廣州發生「四‧一五」反革命政變，國民黨當局大肆逮捕和屠殺共產黨人。作為中共廣東省領導機關的中共廣東區委立即遷往香港。同年「八七」會議後，根據中共中央臨時政治局決定，第一屆中共廣東省委正式在香港成立，張太雷出任省委書記兼中央南方局書記。在整個土地革命戰爭時期，中共廣東省委的名稱幾經變更，但領導機關一直設在香港。香港也就成為土地革命戰爭時期廣東甚至華南地區革命鬥爭的指揮中心。

「四・一五」反革命政變

1927年4月12日，以蔣介石為首的國民黨右派在上海發動「四・一二」反革命政變，以清黨的名義，大肆逮捕、屠殺共產黨人。1927年4月15日，廣東軍政當局秉承蔣介石的旨意，搜捕共產黨員和革命群眾，2,100人被捕，包括著名共產黨人蕭楚女在內的百多名共產黨員被秘密處死，史稱「四・一五」反革命政變。

中共廣東省委曾在香港召開過多次重要會議。例如1928年1月1日至5日，廣東省委全體會議在香港召開。這次會議的主要內容是總結廣州起義失敗的經驗教訓，確定廣東黨組織今後的任務和鬥爭策略。會議通過多項決議案，提出了把黨的工作重點轉移到農村。廣東省委一直以香港、廣州、汕頭作為開展工人運動的重心，在香港成立了由省委領導的中華全國總工會南方辦事處和香港海員工委等專門領導工運的機構。

1927年南昌起義的隊伍撤退到廣東時，中共領導人周恩來因操勞過度身患重病，葉挺、聶榮臻等護送他前往香港，在油麻地廣東道一間公寓養病。養病期間，他曾參加當時在港的中共廣東省委召開的研究廣州起義的會議。

廣東省委書記兼南方局書記張太雷
（1898 － 1927）

1927 年 8 月 20 日，中共廣東省委在西環堅尼地城義皇臺 23 號 4
樓成立。周恩來、張太雷、李立三、鄧中夏、阮嘯山、彭湃、瞿
秋白、聶榮臻、葉劍英等都曾在此活動。著名的廣州起義前期策
劃和部署，就是在香港進行。圖為義皇臺 23 號舊址。

三、香港與秘密交通線

　　1930年秋冬，在南方局和廣東省委的支持下，中共中央開闢一條由上海—香港—汕頭—大埔—青溪—永定進入中央蘇區的秘密交通線。廣東省委選派了一批得力幹部負責交通工作，成功地護送二百多位重要領導幹部通過這條交通線進入中央蘇區，其中有周恩來、劉少奇、鄧小平、葉劍英、陳雲、博古、任弼時等黨和紅軍的領導人。這條交通線一直堅持到1934年中央紅軍開始長征。香港是這條秘密交通線上十分重要的一個環節。

　　1930年10月，中共中央成立交通局，同年在香港成立華

▌ 李振（李少石）、廖夢醒夫婦

南交通總站，配備四名工作人員，有五處機關，以開闢秘密交通線。李振（李少石）、廖夢醒夫婦位於香港島西環山道16號4樓住宅即是機關之一。1933年3月，第四次反「圍剿」勝利後，國民黨實行更嚴密控制和封鎖，香港—汕頭—大埔—閩西的交通線成為中央蘇區和外界聯絡的唯一渠道。

第四節 香港與抗日戰爭

一、香港民眾支援抗戰

抗戰時期，香港是抗日救亡運動的重要據點之一。「七七事變」後，以援助抗戰為宗旨的社會團體如雨後春筍般湧現。

1940 年 8 月 21 日，國民政府戰時公債勸募委員會秘書黃炎培在香港恩豪酒店舉行記者招待會。圖為黃炎培（前左三）在酒店門前與新聞記者合影。（新華社照片）

1938 年底，香港九龍新界司機總工會的工人走遍港九、新界，籌集港幣四千餘元購買救護車及藥品，前往桂林捐獻給八路軍。

戰時國民政府透過發行「救國公債」等籌募龐大的戰爭經費，戰時公債勸募委員會派出秘書黃炎培到香港募集公債，香港各界熱情響應，總計認購額超過410萬元。1938年香港的「八·一三」救國獻金運動在九龍深水埗的瓜菜小販中展開，獻金額竟高達百萬元！

　　香港民眾援助祖國抗戰的另一種形式是組織救護隊、回鄉服務團等。1932年，上海淞滬戰爭爆發，十九路軍奮起抵抗日軍入侵。當時上海的醫護人員短缺，情況十分緊急。上海中華醫學會會長牛惠生醫生呼籲香港中華醫學會前往支援。施正

1932 年香港醫療護理隊在上海歡送十九路軍士兵傷癒出院。（施正信教授照片）

信、馮慶友等醫生，聯同東華三院等機構的二十多名護士一起組成了一支醫療護理隊，前往上海公共租界的收容傷兵醫院。他們在那裏工作了一個多月，用自己的專業技能支援抗戰。

二、宋慶齡與保衛中國同盟

1938年6月14日，保衛中國同盟（簡稱「保盟」）在香港宣告成立。這個組織是宋慶齡為了團結國際友人和海外華僑支援中國抗戰而創立的。成立後的第一年，他們就募集到來自各國朋友和海外華僑的捐款，總額高達港幣二十五萬元。此外還

接收了大量衣物、日用品、醫療器械、藥品、罐頭食品等捐贈物資。「保盟」多次組織電影、戲劇和音樂義演，呼籲資助抗戰。1939年，「保盟」為新四軍傷病員募集二萬條毛毯的運動獲得很大成功。

宋慶齡在香港曾多次為中國工業合作協會（工合）募捐，這個組織的宗旨是在國民黨統治區和中共領導的抗日根據地組織難民和傷殘人等，開展生產自救運動。1941年夏季的「一碗飯運動」，更是將為「工合」募捐的活動推向了高潮。

歷史文化知多點

一碗飯運動

1941年7、8月之間，宋慶齡為中國工業合作協會發起「一碗飯運動」募捐活動，邀得港督羅富國為贊助人，羅文錦大律師為主席。「一碗飯運動」委員會發售餐券10,000張，每張港幣2元，持券者可到指定的餐館吃炒飯一碗。全部活動收入捐贈給中國工業合作協會作為救濟基金。宋慶齡更在運動開幕禮上義賣孫中山墨寶和其他文物。整個運動籌得港幣25,000元。

1938 年宋慶齡與保衛中國同盟中央委員在香港合影。左起為愛潑斯坦、鄧文釗、廖夢醒、宋慶齡、司徒永覺夫人希爾達（Hilda Selwyn-Clarke）、諾曼·傅朗思（Norman France）、廖承志。

三、廖承志與八路軍駐港辦事處

　　抗戰初期，中共中央代表周恩來徵得英國駐華大使同意，在香港建立了一個秘密辦事處，專門負責接收華僑捐給八路軍的款項、醫藥和其他物資。1938年1月，周恩來派遣廖承志、潘漢年來到香港，成立了一家名為「粵華公司」的商號。這家公司表面上經營茶葉生意，實際上是八路軍駐港辦事處。1938年冬天，辦事處接收了藥物和醫療器械130箱，這些物資從香

港經水路運抵桂林八路軍辦事處，再轉運到延安。1939年10月，辦事處收到南美華僑捐贈的西藥和東南亞華僑捐贈的卡車和轎車，全數都轉交給桂林八路軍辦事處。

除了募集捐款和物資，這個辦事處還有一個非常重要的任務，就是聯繫海外華僑。為了讓這些僑胞了解國內抗戰的最新進展，他們推出了一份名為《華僑通訊》的報紙。這份報紙不

1938 年 1 月廖承志出任八路軍駐香港辦事處主任。圖為當年 3 月他（前右）和茅盾（前左）、夏衍（前中）等在廣州的合影。

僅報道戰爭進展，還分享不少士兵和民眾堅強不屈、勇敢抗敵的故事。不少華僑青年通過辦事處的安排回國，投身八路軍和新四軍，成為了抗日戰爭的重要力量。

四、十八天的戰爭

1940年6月，日軍已經控制華南地區。英國參謀長委員會悲觀地認為：「香港並非英國的切身利益所在，當地駐軍無法長期抵擋日軍的攻勢」，「捨棄對香港承擔的糟糕義務，英國在遠東的處境會更好」。1941年中，英國曾嘗試增援亞洲以阻嚇日本，派了二千多名加拿大新兵守衛香港，但成效有限，未能阻止日本的入侵。

1941年12月8日，日軍越過深圳河進攻香港，在12月10日攻破醉酒灣防線，12月13日佔領九龍半島，並於12月18日晚上登陸香港島。英日雙方在黃泥涌峽、淺水灣及赤柱等地激烈交鋒，由於日軍佔據海陸空及兵力優勢，經過短短十八天的戰爭，香港總督最終宣告投降。

日軍進攻香港初期，中國共產黨領導的廣東人民抗日游擊隊第三大隊和第五大隊，立即派出八支武工隊挺進香港新界地區，剿匪鋤奸、發動群眾、建立抗日游擊基地，並參加搶救抗日文化人的秘密大營救。

1941 年 12 月 8 日清晨，日軍越過深圳河進入新界。

半島酒店內的受降儀式。右二是日軍司令酒井隆。三名英軍將領望着不在畫面中的港督楊慕琦。

五、秘密大營救

　　日軍佔領香港以後，大肆搜捕抗日人士。滯留在香港的抗日文化人大多不懂廣府話，亦沒有社會關係，處境十分危險。中共中央書記處和南方局書記周恩來多次指示營救抗日文化人。

　　秘密大營救從1941年12月香港淪陷之初開始，先後營救出愛國民主人士和文化界知名人士共三百多人，連同其他方面的人士共八百多人。作家茅盾稱這場營救是「抗戰以來（簡直可以說是有史以來）最偉大的『搶救』工作，這真正是一場秘密大營救」。中共地下組織和作為港九大隊前身的幾支武工隊發揮了重要作用，他們歷經千難萬險，闖過日軍的崗哨和搜查，排除土匪的干擾，將大批抗日文化人無一傷亡地平安護送到大後方。1942年2月港九大隊成立後，這項工作仍繼續進行，但是大規模的營救已經結束。

適廬與愛國華僑楊竹南

楊竹南祖籍廣東省梅縣，早年到印尼從商，1933年回到香港，在元朗十八鄉楊家村建成一所名為「適廬」的房子。「適廬」之名，寓意安適，正如房屋正門對聯所寫：「適居仁里　盧境人群」。日佔時期，楊竹南曾將適廬借予游擊隊，作為秘密大營救的中轉站，以及港九大隊元朗中隊的據點長達一年。曾在適廬居住、停留的文化人和游擊隊員當時約有一二百名。楊竹南深受隊員尊重，被尊稱為「楊伯」。1942年夏秋間，他被日軍囚禁在元朗市區一個多月，嚴刑拷問追問游擊隊下落。年近六旬的楊竹南堅貞不屈，守口如瓶。獲釋後，他仍然熱情接待游擊隊。

元朗十八鄉楊家村的適廬曾是秘密大營救的中轉站，也曾是港九大隊元朗中隊的活動據點。業主楊竹南給予游擊隊大力支持。

六、港九大隊——香港抗戰的中流砥柱

英軍投降後，在香港抵抗日軍侵略的重任便落在中國共產黨領導的抗日游擊隊身上。為適應特殊環境、便於統一指揮，廣東人民抗日游擊總隊決定將進入新界的多支武工隊合併成為「港九大隊」。1942年2月3日，港九大隊在香港西貢黃毛應村宣告成立，主要領導人有大隊長蔡國樑、政委陳達明、政訓室主任黃高陽。1943年12月，廣東人民抗日游擊總隊改編為東江縱隊後，港九大隊曾稱為港九獨立大隊。港九大隊是香港淪陷三年零八個月期間，唯一一支成建制、由始至終堅持抵抗的抗日武裝力量。

香港戰略地位重要，是日軍在太平洋的轉運樞紐和海軍中繼站，以及北上侵略中國內地和南下侵略東南亞國家的重要據點。港九大隊是插入敵人心臟的一把尖刀，以機動靈活的戰略戰術，在這戰略要地開展農村游擊戰、海島游擊戰、海上游擊戰和城市游擊戰，有效地干擾了日軍的戰略部署，亦使駐港日軍和漢奸終日惶恐不安。據不完全統計，港九大隊斃傷日軍100餘名，斃傷漢奸、偽警及間諜等70餘名，俘虜、受降日偽軍600餘名，炸毀日軍飛機1架；繳獲長短槍支550餘支，機槍60餘挺（包括英軍棄械），炮6門，繳獲敵船至少33艘，擊沉4艘，並繳獲大批彈藥。

港九大隊站在國際反法西斯鬥爭的前哨。東江縱隊共營救國際友人89人，其中大部分是港九大隊及其前身的武工隊營救

的。港九大隊與盟軍進行了卓有成效的國際軍事情報合作，為保衛香港、打擊日本侵略者，為世界反法西斯戰爭的勝利，作出重大歷史貢獻。

港九大隊為新中國培養了一批優秀幹部，不少老戰士在黨政軍各個部門擔任過要職，為國家的經濟建設、國防建設和外交建設做出過重要貢獻。例如在中央駐港重要機構新華社香港分社（中聯辦前身），黃作梅曾任社長，陳達明曾任副社長，楊聲曾任統戰部長和副秘書長。

1942 年 2 月 3 日，港九大隊在西貢黃毛應村成立。關於港九大隊的具體成立地點有兩種說法，一說是在圖中的玫瑰小堂，一說是在村附近的山坡。1944 年 9 月 21 日，黃毛應村民被日軍關在此處，迫問游擊隊下落，面對嚴刑逼供，村民堅貞不屈，其中一位為此付出了寶貴的生命。

1987 年 9 月 9 日，港九大隊老戰士重訪西貢赤徑聖家小堂。該教堂曾是港九大隊大隊部所在地。左起為蔡松英、林苑明、方蘭、羅歐鋒、陳達明、黃雲鵬、梁超、莊岐洲、袁卓峰、歐堅。

歷史文化知多點

劉春祥抗日英雄群體紀念碑

1943年5月某夜，港九大隊大嶼山中隊中隊長劉春祥帶領戰友乘坐帆船，到對岸屯門龍鼓灘開展工作。在沙洲、龍鼓洲海域，遭遇兩艘日軍炮艇伏擊，經過激烈的戰鬥，木船被擊沉，劉春祥、曾可送、林容、汪送、譚金火、溫發、劉佳等七位指戰員和船家梁克一家五口壯烈犧牲。劉春祥烈士（1920-1943），原籍廣東省惠陽縣鎮隆鎮堂閣圍，1938年參加曾生領導的惠寶人民抗日游擊總隊。1943年犧牲時年僅二十三歲。

2020年9月2日，國家退役軍人事務部將劉春祥等英烈列入抗日英雄群體名錄。

2023 年 5 月 9 日，新界鄉議局和屯門民政事務處在龍鼓灘舉辦劉春祥抗日英雄群體紀念碑揭幕典禮。

2024 年 4 月 3 日，中國人民解放軍駐港部隊拜祭烏蛟騰抗日英烈紀念碑。（照片由駐港部隊政治部提供）

傳奇英雄劉黑仔（1917－1946）

　　劉黑仔原名劉錦進，廣東省寶安縣大鵬人，因膚色黝黑而有「劉黑仔」的稱號。他在港九大隊擔任短槍隊隊長，多次率隊襲擊日軍，立下不少戰功，成為港九大隊的傳奇英雄人物。1942年7至8月間，他參與獅子山山腳突襲日軍的行動，共擊斃日本軍官1名、士兵2名、印度兵1名。1943年秋，他在界咸村活捉華南派遣軍司令部的高級特務東條正芝。1944年2月，劉黑仔和黃冠芳帶隊潛入啟德機場，炸毀油庫和日本軍機一架；並參與營救美國十四航空隊飛行教官克爾中尉的行動。1944年4月，劉黑仔率隊突襲牛池灣維記牛房的日軍哨所，擊斃伍長。1944年秋，帶隊突襲九廣鐵路四號隧道車廂，擊斃敵人兩名，繳獲英式步槍10支、刺刀9把、子彈90發。

1944 年 2 月，劉黑仔和黃冠芳帶隊潛入啟德機場，刺死值班的日軍後，用定時炸彈炸毀飛機一架，同時炸毀油庫。（陳挺通畫作）

國際工作組組長黃作梅（1916－1955）

　　黃作梅，出生於香港，1935年畢業於皇仁書院。1941年，黃作梅加入中國共產黨；1942年3月參加港九大隊。因精通英語，他在大隊部國際工作組擔任組長。他奉命協助英軍服務團在九龍、新界建立情報站。1944年10月，他任東縱聯絡處首席翻譯官，負責與美軍駐華第十四航空隊代表聯絡。戰後他獲英王邀請到倫敦參加二戰勝利遊行，並獲授予員佐勳章（M. B. E.勳章），以表彰他對盟軍東南亞軍事行動作出的貢獻。黃作梅先後任新華社倫敦分社及香港分社社長。1955年4月，他奉命參加在印尼萬隆舉行的亞非會議，他搭乘的印度航空「克什米爾公主號」飛機遭國民黨特務放置定時炸彈破壞，飛機爆炸墮落海中，黃作梅與代表團工作人員、記者共八人殉難，他時年三十九歲。

1942－1943年，為配合英軍服務團收集情報，港九大隊國際工作組組長黃作梅在九龍砵蘭街開設一間雜貨舖，作為地下交通站。

「游擊隊的母親」——凌娘（1887－1981）

　　昂窩村村民凌娘，像母親一樣無微不至地照顧港九大隊游擊隊員，因而有「游擊隊的母親」之稱。1943年初，民運員梁雪英患上大熱症，病情嚴重得連醫師也不敢貿然開藥。凌娘得悉後馬上到屋後把芭蕉樹砍掉，榨汁救治她。凌娘的居所曾是港九大隊軍需處駐地，後山有一個岩洞倉庫，供軍需處人員收藏物資及躲避日軍搜捕，凌娘曾參與修建倉庫。凌娘一家上下都很支持港九大隊。長子劉己長常協助游擊隊刺探敵情，其妻是婦女會會長，每當游擊隊員進村時，便會動員每家送一擔草給隊員煮飯、燒水。次子劉茂華則參加游擊隊，任稅收員。

游擊隊的母親凌娘
（中坐者）一家合影
（攝於 1967 年）

第四章 戰後香港社會

　　二戰結束以後一段時間，中國共產黨曾經以香港為中心開展城市工作，香港成為南方的革命基地。共產黨員和民主人士在香港聚集一起，推動新政協運動，為新中國的建立作出了重要貢獻。

　　朝鮮戰爭爆發後，英國在美國的壓力下參與對華禁運，香港經濟被迫轉型，走向工業化。得天獨厚的地理位置、港英當局的自由港政策、香港華人的才華和勤力、中國政府對香港「長期打算，充分利用」的政策，以及國家改革開放帶來的大好機遇等等，諸多因素促成香港經濟起飛和繼續繁榮發展。

　　二十世紀五六十年代香港的社會問題主要集中在住屋、醫療和教育方面；加上勞工收入不足，貪污風氣盛行，社會福利政策滯後等，種種因素令社會矛盾不斷升溫，隨便發生一宗事件即可觸動市民的情緒，甚至發展成一發不可收拾的騷亂。

第一節 香港與新中國的建立

一、新政協運動

　　戰後初期，中共與英國的關係比較好，香港一度成為南方的革命基地。許多受到國民政府迫害的共產黨人和民主人士

轉移到香港，繼續開展政治活動。1948年1月，中國民主同盟（簡稱「民盟」）移師香港舉行中央委員會第三次全體會議。同月，中國國民黨革命委員會（簡稱「民革」）在香港成立，宋慶齡為名譽主席，李濟深為主席。

　　這一時期，香港成為新政協運動的中心。1948年春天，中共認為召開新政協的時機成熟，毛澤東於5月1日親自致函在香港的民革主席李濟深和民盟中央常務委員沈鈞儒，提議由民革、民盟、中共聯合發表聲明，號召召開政治協商會議。各民主黨派集會討論後，決定致電毛澤東，響應中共中央「五一口號」的號召，支持召開政治協商會議和建立民主聯合政府。8

中共香港分局安排包達三、柳亞子、陳叔通、馬寅初（中排左起）等民主人士乘輪船北上。（照片由許禮平提供）

月初，中共派員接送在香港的各民主黨派和無黨派民主人士進入解放區，參與籌備新政協的工作。這些民主人士分成四批，以秘密的方式從香港北上，為新中國的建立作出了重要貢獻。

二、達德學院

提起位於屯門的高等院校，一般人都會想起嶺南大學，其實在戰後初期，這裏還曾興辦過一間名為「達德學院」的新型民主大學。達德學院是在中國內戰的背景下，由中國共產黨和民主黨派合作建立。原廣東大學校長陳其瑗出任院長，抗日名將蔡廷鍇將軍借出屯門新墟的別墅作為校址。

學院的教師陣容星光熠熠，有鄧初民、侯外廬、沈志遠、

1947 年時的達德學院校園

千家駒、許滌新、黃藥眠、胡繩、鍾敬文、翦伯贊等知名學者。又經常邀請名人作專題講座，包括李濟深、何香凝、蔡廷鍇、柳亞子、沈鈞儒、喬冠華、郭沫若、茅盾、夏衍、曹禺、臧克家、黃谷柳等。這些學者名人匯聚香港的達德學院，絕對是空前鼎盛的學術陣容。

可是，這所學院只運作了短短的兩年零四個月，便慘遭封校。當時國共內戰形勢逐漸明朗，香港政府擔心共產主義影響擴大，不利於它的管治，於是對中共及民主人士的態度愈來愈強硬。1949年2月22日，港督葛量洪會同行政局下令取消達德學院的註冊資格，這所中國新型民主大學瞬間消失，在香港的

1948 年 7 月達德學院商經系第一屆畢業生暨教職員合影。前排左起為周鋼鳴、朱智賢、楊伯愷、鄧初民、陳其瑗、沈志遠、狄超白、黃藥眠。

教育史上留下短暫但永恆的光輝。儘管如此，這所高等院校從1946年10月創立到1949年2月結束這段時間，培育了約一千名學生，師生們為新中國的建立和國家的改革開放事業，作出過重要的貢獻。

三、新華社香港分社的由來

戰後初期，中國共產黨在香港有了一個公開的工作機構。1945年港九大隊撤出香港以後，經港英當局同意，東江縱隊在九龍彌敦道172號2樓設立了駐港辦事處。1947年5月1日，該辦事處改為新華社香港分社。

從中華人民共和國成立，到1997年香港回歸祖國之後的一段時間，新華社香港分社一直是中華人民共和國政府駐香港最高代表機構。1999年12月28日，國務院決定將新華社香港分社，更名為中央人民政府駐香港特別行政區聯絡辦公室（簡稱中聯辦）。

四、國民黨政府在港機構起義

1949年末至1950年初，隨着中國共產黨掌握國家政權，二十五個原國民黨政府的駐港機構先後宣佈起義，投奔新中國。這股熱潮下，「兩航起義」最引人矚目。1949年11月9日，原中國航空公司（簡稱中航）的總經理劉敬宜和中央航空公司（簡稱央航）的總經理陳卓林，帶着兩千多名員工在香港

位於九龍彌敦道 172 號的新華社香港分社（Jack Birns 攝於 1948 年）

宣佈起義，震撼了整個中國。

　　這場起義並非易事。在缺乏地面導航和氣象保障的情況下，兩航的十二架飛機冒着國民黨空軍襲擊的危險，勇敢地飛越數千里回到祖國內地，成功地降落在天津和北京的機場，為國家的解放獻上一份厚禮。

| 1949 年 11 月 9 日，兩航起義北飛機組抵達天津後的合影。

　　1949年11月12日，毛澤東主席寫信稱讚兩航起義「是一個有重大意義的愛國舉動」。同日，周恩來總理寫信勉勵兩航起義人員「堅持愛國立場，努力進步，為建設新中國的人民航空事業而奮鬥」。

　　兩航起義後，兩公司還有七十一架飛機留在九龍啟德機場，此外還有修理廠、辦公樓、倉庫、宿舍等其他財產，總值約五千萬美元。當時，英國政府尚未承認中華人民共和國政府。國民黨政府在港英當局的庇護下，夥同美國人陳納德（Claire Lee Chennault）等，企圖掠奪兩航留港資產。兩航起

義員工組成糾察護產小組，日夜守衛飛機、廠房和倉庫，保護國家財產。他們卸下留港飛機上有用的零件，連同其他器材、資料，一箱又一箱地運回內地，共運回器材2,779箱。

兩航起義歸來的大批技術、業務人員，成為新中國民航事業建設中一支主要技術、業務骨幹力量，對國家民航事業的發展貢獻巨大。

两航起義後，滯留在啟德機場的兩航飛機。

歷史文化知多點

香港升起第一面五星紅旗

　　香港的第一面五星紅旗是誰升起的？有多種說法。我們根據新華社香港分社秘書長楊奇的記述和報刊資料確定，在香港升起第一面五星紅旗的是《華商報》員工。

　　1949年10月1日，毛澤東主席在北京天安門宣告中華人民共和國成立，香港愛國媒體與團體遙相呼應，《華商報》全體同人在報社五樓天台升起香港的第一面五星紅旗，愛國社團工聯會等也在同一天舉行了升旗儀式。

▎1949 年 10 月 1 日，香港《華商報》員工在報社天台升起第一
　面五星紅旗。

第二節 從工業化到經濟起飛

一、禁運嚴重打擊香港經濟

　　香港作為一個轉口港，為何到1950年代初期突然轉型工業化？香港自然資源匱乏，工業化所需的各種要素又從何而來？

　　香港轉型工業化，是美國等西方國家逼迫的結果。1950年6月25日朝鮮戰爭爆發以後，12月初，美國商務部下令實施對香港及中國內地輸出的嚴格禁令，禁運使戰後出現轉機的香港經濟，尤其是轉口貿易受到沉重打擊。1952年香港的對外貿易額下降到66億多港元，對中國內地的輸出也下降到5億多港元。1953年的《香港年鑑》記載：「這一年的香港商業的歷史，是以近百行商號累億元的虧折，逾百家商行的擱淺與傾覆，上千家商業機構的自行收束與改組，數以萬計店員的失業寫成功的。」面對美國為首的西方陣營對中國的經濟圍堵，港人不得不另謀出路。

二、香港實現工業化

　　由於歷史局勢的變化，內地的資金、設備、技術人才和管理人才從上海和廣州大量流入香港，投入紡織、橡膠、五金、化工、火柴等行業，使得資源匱乏的香港具備了發展工業的條件。從幾組數字不難看到中國內地對香港工業化的重大作用：1947年至1959年間，香港工廠從961家增加到4,541家，僱用人

1960 年代在香港營商的上海企業家。由左至右為吳文正、榮鴻慶、陸菊森、王統元、外商、李震之、李楜、張浩然、張楠昌、韓德威。（照片由鄭宏泰提供）

數從47,000多人增加到超過17萬人。

1959年，香港出口貿易統計中，香港本地產品所佔比重上升至約七成，比重遠遠大於轉口產品的比重，標誌着香港實現了工業化。進入1960年代以後，香港多個工業行業譬如紡織、製衣、塑膠、電子、鐘錶和玩具等得到迅速發展。

三、香港經濟發展的新機遇

從1960年代晚期起，局勢進一步變化，香港工業化的發展面臨巨大的壓力。一方面，韓國、中國台灣地區在國際貿易中

| 1964 年香港製衣廠的紡織工人

扮演類似香港的代工產業，給香港帶來很大的競爭壓力；另一方面，西方發達工業國出現經濟衰退，為了自身利益，舉起貿易保護的大旗，給香港產品在當地的銷售設置障礙。香港又一次不得不謀求轉型，找尋新的出路。

中國領導人一系列明智的決策，為香港發展提供了新的機遇。1972年，中國領導人出於戰略考量，接受美國總統尼克遜（Richard Nixon）訪華，緩和了與美國為首的西方陣營的關係，香港不再是兩個陣營對峙的橋頭堡，而是溝通中西方的橋樑。1978年，中國推行改革開放政策，香港資金有了出路，內

地良好的營商環境給了香港與其他對手競爭的底氣。1984年12月19日，中英兩國簽署《中英聯合聲明》，香港的前途變得明朗，解決了以往因香港前途不明確而造成的撤資、人才流失等問題。

　　為應對歐美的貿易保護主義，香港的工業生產將勞動力密集型的產業大規模北移，香港近乎八成的製造業生產線都轉移到內地，本地專注於高增值產品的生產。

歷史文化知多點

促成香港經濟高速發展的主要因素

1. 得天獨厚的地理位置
2. 自由港政策
3. 香港華人的才華和勤力
4. 中國政府對香港「長期打算，充分利用」的政策
5. 國家改革開放帶來的大好機遇

第三節 二十世紀五六十年代的社會民生

戰後香港人口快速增長，1945年8月統計有60萬人，到1950年中，已經增加至224萬人，到1960年，達到291萬人。社會和民生發展需求大增，香港住屋、醫療、教育和勞工就業問題日益嚴重。在社會和民生問題上，港英政府大都是問題嚴重到一定程度後，才被動地出台補鑊，但推出的舉措相較於香港社會的龐大需求，往往是杯水車薪。

一、住房緊張

1950年代，香港工人工資微薄，收入僅足糊口，無法負擔因房屋嚴重短缺而上漲的租金，於是出現了漫山遍野的寮屋。這些臨時居所結構簡陋、環境惡劣，更經常引發火災而造成傷亡。1951年至1955年間，寮屋區發生過大小火災達三十次以上。1953年12月25日聖誕夜，深水埗石硤尾寮屋區大火，四十多人傷亡，逾五萬名災民一夕之間痛失家園。

石硤尾大火令香港政府不得不正視寮屋問題，結果決定興建徙置大廈為基層市民提供居所，同時為負擔能力較高的低收入市民提供廉租房屋。但是房屋不足的問題在1960年代仍然嚴重。以截至1960年9月30日的統計數字為例，雖然已經有三十四萬多人遷入徙置大廈，但市區仍有約六十萬人等待徙置。

1960 年代港島天后廟道山坡上的寮屋（高添強提供）

1950 年代，由於醫療資源緊缺，不少香港市民不得不尋求
社會團體的幫助，圖為香港市民在工聯會下屬的工人醫療所
候診的場景。

二、醫療資源欠缺

　　人口急劇增加亦令香港出現醫療設施嚴重不足的問題。每當爆發流行疾病，公立醫院和醫局即時擁擠不堪，不少病人甚至被拒諸院外。香港政府在戰後一直未有積極投入資源建設公立醫院，難以照顧無法負擔私家醫療服務的市民。據1957年出版的《香港年鑑》記載，當時求診的居民每天至少有二萬人，其中75%以上無法享用公共醫療服務，唯有向港九各區慈善團體、半慈善性的私人組織的診療所求診。

　　1964年2月15日，香港政府發表《擴展香港醫療服務》報告書，指出當時有多達八成香港居民沒有足夠的經濟能力，在完全沒有政府補助的私家醫院留醫；五成香港居民沒有足夠的經濟能力，在完全沒有政府補助的私家診所求診。

　　1960年，立法局議員鄧律敦治（Dhun Ruttonjee）在立法局作報告時就指出病床嚴重不足、門診就醫困難的問題，1947年病床與人口比例是2：1000，鄧律敦治在西營盤診療所「看到一長列貧病交迫的人們在輪診……這個行列的人數，永遠都不會跌到一百八十人以下」、「每名病人的診治時間，平均為三分半鐘至四分鐘……一個醫生怎能夠在三分半鐘至四分鐘之間，完善地檢查一個病人？」這些記述都顯示了港英治下醫療資源的匱乏。

三、教育問題

教育方面，不論是中小學教育還是高等教育，香港政府都未能提供充足的資源。

香港政府對華人兒童的中小學教育一直採取漠視的態度，許多適齡兒童得不到機會升學。1935年的《賓尼報告書》（*Burney Report*）及1951年的《菲沙報告書》（*Fisher Report*）都曾提出加強小學教育發展的建議，但港英當局並不重視。戰後，港英當局雖提出過1950年「十年建校計劃」、1951年「五年建校計劃」、1954年的「小學擴展七年計劃」，但成效不佳。截至1965年，適齡青少年一半以上沒有機會在學校就讀。1965年《教育政策白皮書》才將普及小學教育作為目標，到1971年港英政府才宣佈推行六年免費教育。中學方面，1974年《香港未來十年的中學教育白皮書》出台前，並未有實質性的發展措施，一些對中文教育有需求的學生會選擇內地南來人士在港興辦的中學就讀。

高等教育層面，尤其是在中文高等教育的發展上，港府一直忽視香港本地社會的實際需求，不願成立一間中文教學的大學。1952年的《賈士域報告書》（*Keswick Report*）指出，港府對高等教育的定位是為殖民政府提供行政管治人才，而成立一間中文教學的大學並不符合這一定位，故1950年代香港一直沒有出現政府承認的中文教學的大學機構。由於香港中文高等教育缺失，一些香港學生傾向於前往廣州重開的暨南大學就讀。

四、勞工狀況

港英政府治下勞工的工作條件惡劣，工時長、收入低。1955年9月12日至27日，英國殖民地部勞工顧問巴楚普（E. W. Barltrop）來港考察勞工狀況，發現當時每天工作八小時的男性工人工資微薄，難以維持家人生計。工人經常要超時工作，部分工人每天工作長達十二小時，而且並無休假的制度。

使用童工問題嚴重。香港童工問題由來已久，1921年港英政府委員會的調查報告顯示，香港童工年齡低至七、八歲，年齡小卻要從事粗重高危工作，譬如搬運磚塊、在爆炸風險高的玻璃廠工作和在船廠清洗蒸汽鍋爐，工資也遠低於成人。雖然港英政府後續出台過一些勞工條例，嘗試解決童工問題，但收效不佳，1950年3月6日《華僑日報》指出：「香港法律雖加保障，童工制度猶存」，甚至到了1970年3月，《香港工商日報》還報道說：「仍有甚多工廠非法僱傭童工」。

二十世紀五六十年代，香港經濟發展迅速，但在英國的殖民統治之下，普羅大眾不能相應分享社會進步的成果，社會問題嚴重，造成1960年代社會動盪不安。1966年天星小輪加價引發的社會衝突和1967年發生延續半年之久的社會動盪，與此均有關係。

第五章 香港回歸

　　從十九世紀四十年代至二十世紀末的1997年，香港經歷了被英國以戰爭和不平等條約逐步佔據，到回歸祖國懷抱的一百五十六年。這段時間發生了哪些重要的歷史事件？了解這段時間的香港，能幫助我們更好地理解香港的今天，思考香港的未來。

第一節 「長期打算 充分利用」

一、中央下令野戰軍不得越過樟木頭

　　英國佔領香港地區以後，中國人民和歷屆中國政府都想收回香港。北洋政府和國民政府曾嘗試提前收回新界，但因國力孱弱，最終未能成功。

　　1949年10月，人民解放軍大軍南下進入廣東，英國政府的內部報告擔心解放軍有可能會收回香港。實際情況卻是，中共領導人毛澤東、周恩來下令野戰軍停在羅湖以北約四十公里的樟木頭一線，而不再繼續前進。

1949 年 10 月，毛澤東、周恩來下令野戰軍「不得越過樟木頭一線」，因而粵港邊界的治安工作交由地方部隊負責。圖為當時粵贛湘邊縱隊解放軍軍官在中英街 3 號界碑前與香港英國警官交談。（Jack Birns 攝）

二、「暫不收回，維持現狀，長期打算，充分利用」

　　為什麼新中國領導人不選擇馬上收回香港，而是「暫不收回，維持現狀」呢？這背後其實有新中國領導人對時局與香港作用的獨到見解。

　　1949年2月，毛澤東在河北西柏坡會見蘇共中央政治局委員米高揚（Anastas Mikoyan）時提出：「中國還有一半的領土尚未解放。大陸上的事情比較好辦，把軍隊開去就行了，海島

上的事情就比較複雜，需要採取另一種較靈活的方式去解決，或者採用和平過渡的方式，這就要花較多的時間了。在這種情況下，急於解決香港、澳門的問題也就沒有多大意義了。相反，恐怕利用這兩地的原來地位，特別是香港，對我們發展海外關係、進出口貿易更為有利些。總之，要看形勢的發展再作最後決定。」

新中國成立後，國家領導人毛澤東和周恩來更多次闡釋對香港「長期打算，充分利用」的設想。

1949 年 10 月 1 日，中共領導人毛澤東、周恩來在開國大典上。

1957年4月，周恩來在上海工商界第一次座談會上闡述了新中國政府對香港的方針政策：

> 香港應該化為經濟上對我們有用的港口。……我們不能把香港看成內地。對香港的政策同對內地是不一樣的，如果照抄，一定搞不好。……港澳同胞不要擔心前途。

　　1963年8月9日，毛澤東會見索馬里總理舍馬克（Abdirashid Ali Sharmarke）時強調：

> 香港人就是我們中國人。香港是通商要道，如果我們現在控制它，對世界貿易，對我們同世界的貿易關係都不利。……我們暫時不準備動它，並不是永遠不動它。

第二節 回歸歷程

一、中國政府要求在《反殖宣言》適用的殖民地名單中刪去香港和澳門

　　1949年中華人民共和國成立後，中國政府曾多次闡明對香港問題的立場，即香港是中國的領土，中國不承認帝國主義強加給中國的三個不平等條約。對於這一歷史遺留下來的問題，中國政府一貫主張在適當時機，通過談判和平解決；在未解決

歷史文化知多點

「長期打算，充分利用」八字方針的出處？

現有的兩種說法：

一說是二十世紀五十年代末六十年代初，周恩來提出「長期打算，充分利用」八字方針，只是當時未對外公開宣佈。

一說是1960年，中共中央總結過去十年經驗，對港澳工作明確提出了「長期打算，充分利用」的方針。

實際情況：

新中國成立前夕和建立初期，毛澤東和周恩來在一系列講話中已提出了對香港「長期打算，充分利用」的概念。1959年7月中旬至9月初，港澳工作務虛會在廣州召開。會議總結了十年工作經驗，提出了「長期打算，充分利用」的方針，1960年3月18日中共中央批准了會議報告。

之前，暫維持現狀。

1971年10月25日，第26屆聯合國大會上表決通過第2758（XXVI）號決議，決定恢復中華人民共和國在聯合國的合法席位，承認中華人民共和國代表是中國在聯合國的唯一合法代表。1972年3月8日，中華人民共和國常駐聯合國代表黃華致函非殖民化特別委員會主席，要求在《反殖宣言》適用的殖民地名單中刪除香港和澳門。

1972年6月6日，聯合國非殖民化特別委員會通過決議，向聯合國大會建議從殖民地名單中刪去香港和澳門。1972年11月2日，第27屆聯合國大會以99票對5票的壓倒性多數通過決議，批准非殖民化特別委員會的報告。這就從法律上確認香港的主權歸屬中國政府，排除香港「國際共管」或「獨立」的可能性，為後來順利解決香港問題奠定了國際法理的基礎。

1972年黃華（前排中）、喬冠華（前排右）在第二十七屆聯合國大會上。

如何理解黃華致聯合國的信函？

1972年3月8日，中國常駐聯合國代表黃華在致聯合國非殖民化特別委員會主席的信函中指出：

眾所周知，香港、澳門是屬於歷史上遺留下來的帝國主義強加於中國的一系列不平等條約的結果。香港和澳門是被英國和葡萄牙當局佔領的中國領土的一部分，解決香港、澳門問題完全屬於中國主權範圍內的問題，根本不屬於通常的所謂殖民地範疇，因此不應列入反殖宣言中適用的殖民地地區的名單之內。對香港和澳門問題，中國政府一貫主張在條件成熟的時候，用適當方式加以解決。聯合國無權討論這一問題。根據上述理由，中國代表團反對把香港、澳門列入反殖宣言中適用的殖民地地區的名單中，並要求立即從反殖特委會的文件以及聯合國其他一切文件中取消關於香港、澳門是屬於所謂殖民地範疇的這一錯誤提法。

解讀：1960年12月14日，第十五屆聯合國大會通過《關於准許殖民地國家及民族獨立之宣言》（Declaration on the Granting of Independence to Colonial Countries and Peoples，簡稱《反殖宣言》），宣言標題明確説明適用的是「殖民地國家」。殖民地國家可以獨立，但香港和澳門不是國家，它們是外國侵佔的中國領土的一部分，根本不屬於通常的所謂殖民地範疇，所以它們不能列入《反殖宣言》適用的殖民地名單，不能獨立或自治。

歷史文化知多點

「被侵佔領土」與「殖民地國家」的區別

1964年5月8日上午，中國外交部蘇歐司副司長徐明接見蘇聯駐華大使契爾沃年科時，闡釋「被侵佔的領土」和「殖民地國家」的區別：

香港、澳門是被英國和葡萄牙佔領的中國的領土的一部分，但並不是殖民地國家。被侵佔的領土和殖民地國家是兩個不同的範疇。……香港和澳門也是過去英國和葡萄牙用武力強迫清朝政府簽訂不平等條約佔去的，是屬於被侵佔的領土。關於香港、澳門被佔的中國領土將來如何解決，我們一貫的主張是在條件成熟時，經過有關雙方談判解決，聯合國無權干涉。

資料來源：《就聯合國24國特別委員會討論香港和澳門問題做蘇聯、波蘭工作》，中國外交部檔案，檔案號：113-00465-02。

二、中英關於香港前途問題的談判

1978年12月中國共產黨十一屆三中全會以後，中國開始進入一個新的歷史時期。實現社會主義現代化、實現祖國統一和反對霸權主義、維護世界和平成為新的歷史時期的三大任務。同時新界租約將近期滿，香港前途問題被提上了中英兩國的議事日程。英方派遣港督麥理浩（Crawford Murray

MacLehose）前往北京投石問路，中國政府則提出「一國兩制」概念，為解決香港前途問題奠定了良好的基礎。

中華人民共和國政府不承認有關香港的三個不平等條約，有權隨時以任何方式恢復對香港行使主權，但考慮到中英關係和香港的繁榮穩定，決定與英國政府通過和平談判的方式來解決香港的前途問題。

1982年9月，英國首相戴卓爾夫人（Margaret Thatcher）訪華，揭開了中英會談的序幕。她在北京會見了中共中央顧問委員會主任鄧小平。期間戴卓爾夫人提出「三個不平等條約有

1979年3月29日，鄧小平在接見港督麥理浩時說：「在相當長的時間內，香港還可以搞它的資本主義，而我們搞我們的社會主義。」

| 1982 年 9 月 24 日，鄧小平在北京會見英國首相戴卓爾夫人。

效論」等不合理主張，遭到中方嚴詞拒絕與香港市民的反對。從1983年7月起，中英兩國開始關於香港問題的第二階段談判，雙方圍繞主權與治權、駐軍和中英聯合機構等問題，共進行了二十二輪談判，談判雙方逐漸在中國對港政策基礎上開展會談，並最終達成協議。

1983 年 7 月 25 日，以外交部副部長姚廣為首的中國政府代表團與以英國駐華大使柯利達（Percy Cradock）為首的英國政府代表團在北京會談。

三、《中英聯合聲明》的簽署

　　1984年12月19日下午，在北京人民大會堂西大廳，中英兩國關於香港問題的《中英聯合聲明》由中英兩國政府首腦正式簽字。中共中央顧問委員會主任鄧小平、中華人民共和國主席李先念出席了簽字儀式。《中英聯合聲明》宣佈中華人民共和國政府決定於1997年7月1日對香港恢復行使主權，英國政府於同日將香港交還中華人民共和國。

1984 年 12 月 19 日，在北京人民大會堂西大廳，中英兩國關於香港問題的聯合聲明正式簽署。

四、《基本法》的制定

　　《中英聯合聲明》簽署後，展開了《基本法》的制定工作。1985年4月，第六屆全國人大三次會議通過了關於設立香港特別行政區基本法起草委員會的決定。1985年7月1日，基本法起草委員會宣告成立並開始工作。為更好地聽取港人以及社會各界的意見，1985年12月18日，香港特別行政區基本法諮詢委員會在香港成立。整個起草工作貫穿着民主和開放的精神。

起草委員會經過四年八個月的努力，於1990年2月完成了《基本法》的起草工作，以及香港特別行政區區旗、區徽的徵集、評選、修改工作。1990年4月4日，第七屆全國人民代表大會第三次會議審議通過了《中華人民共和國香港特別行政區基本法》和《香港特別行政區行政長官產生辦法》、《香港特別行政區立法會的產生辦法和表決程序》、《在香港特別行政區實施的全國性法律》三個附件，以及香港特別行政區區旗、區徽圖案。

1990 年 4 月 4 日，第七屆全國人大第三次會議審議通過了《中華人民共和國香港特別行政區基本法》。

1997 年 6 月 30 日午夜至 7 月 1 日凌晨，中英兩國香港政權交接儀式在香港
會議展覽中心新翼五樓大會堂隆重舉行。

五、香港政權交接儀式

　　1997年6月30日午夜至7月1日凌晨，中英兩國香港政權交
接儀式在香港會議展覽中心新翼五樓大會堂舉行。中國國家
主席江澤民、國務院總理李鵬，英國的查理斯王子（Prince
Charles）、首相貝理雅（Tony Blair）等四千多名中外來賓出
席。6月30日23時59分，英國國旗和英國統治下的舊香港旗在
英國國歌樂曲聲中緩緩降落。7月1日零點整，中國國旗和香港
特區區旗在中華人民共和國國歌樂曲聲中徐徐升起。國家主席
江澤民宣佈中國對香港恢復行使主權。

1997年7月1日1點30分，香港特別行政區政府宣告成立。
特區行政長官董建華、特區政府主要官員、行政會議成員、臨
時立法會議員、終審法院和高等法院法官依次宣誓就職。香港
歷史的發展進入了一個新的階段。

香港回歸，普天同慶。圖為1997年6月香港市民為慶回歸，在元朗舉行的「九
龍百獅花車大巡遊」。

「一國兩制」概念的發展過程

1. 台灣「一國兩制」概念的提出

1978年11月28日，國家領導人鄧小平會見美國友好人士斯蒂爾時指出：「台灣的社會制度同我們現在的社會制度當然不同，在解決台灣問題時，會照顧這個特殊問題……根據現實情況，可以保留它的資本主義制度。」

2. 香港「一國兩制」概念的提出

1979年3月29日，國家領導人鄧小平接見港督麥理浩時指出：「我們歷來認為，香港主權屬於中華人民共和國，但香港又有它的特殊地位。……在本世紀和下世紀初的相當長的時期內，香港還可以搞它的資本主義，我們搞我們的社會主義。」

3. 「葉九條」的出台

1981年9月30日，全國人大常委會委員長葉劍英向新華社記者發表談話，第一次全面闡述中方對台灣回歸祖國、實行和平統一的九條方針政策。

4. 「一國兩制」名詞的首次使用

1982年1月，國家領導人鄧小平在會見美國華人協會主席李耀滋時，第一次正式使用了「一國兩制」這個名詞，鄧小平說：「九條方針是以葉副主席的名義提出的，實際上就是一個國家兩種制度。」

香港社會的發展特點

第六章 歷史悠久的移民城市

　　香港是個歷史悠久的移民城市。問問我們家中長輩關於他們自己以及祖先的故事，就會知道大多數人都是在不同時期從中國內地移居到香港來的。香港有文字記載的較大規模移民始於宋代。清初遷海復界，令客家人結隊遷徙而來。開埠以後，十九世紀五六十年代，為了躲避戰亂，一批批移民從廣東來到香港。他們參與香港貿易、商業活動，成為香港不容忽視的社會力量。二戰以後，湧進香港的移民帶來資金、技術和勞動力，推動香港實現工業化和經濟起飛，其中上海企業家影響巨大。此外，佔香港人口少數的非華裔移民也曾對香港社會的發展做出過多方面的貢獻。不同時期的移民和他們的後代，描繪出獅子山下多種族共處的多元化風貌。

第一節 原居民的由來

一、盧亭的傳說

　　香港有文字可考的最早的移民活動可能始於東晉。東晉末年，盧循領導的浙東起義軍曾經攻陷廣州城。唐代劉恂《嶺表錄異》寫道：「盧亭者，盧循前據廣州既敗，餘黨奔入海島野居，惟食蠔蠣，疊殼為牆壁。」這裏沒有明確指出避難海島的

名稱。清代東莞鄧淳的《嶺南叢述》「盧亭」條則寫道：「大奚山三十六嶼，在莞邑海中，水邊岩穴，多居蜑蠻種類。或傳係晉盧循遺種，今名盧亭，亦曰盧餘。」大奚山就是大嶼山。這是清朝人解釋唐朝人記載的東晉逸事，別無其他佐證，不妨聊備一說。

二、宋朝開始的「移民潮」

香港規模較大的移民活動始於宋朝。香港因水運之利，吸引中原氏族向南遷移至此定居。根據鄧氏族譜，宋朝開寶六年（973年），江西吉水人、承務郎鄧漢黻宦遊至粵，定居於東莞圭角山下的岑田（今香港新界錦田），為鄧氏家族遷粵的始祖。到清初康熙年間，鄧氏家族不僅擁有錦田一帶的富庶土地，在香港島也擁有不少田地，成為首屈一指的望族。此外，北宋時，進士侯五郎由廣東番禺遷至今新界上水地區，明初其後人侯卓峰開基河上鄉。宋朝時，彭桂到新安龍山地區定居。明朝萬曆年間，其子孫遷入粉壁嶺，立圍居住。宋朝時，福建莆田一個名叫林長勝的人舉家遷往今日九龍黃大仙附近的彭蒲圍。南宋末年，陶文質由廣西鬱林遷往今元朗新田，後又與其子陶處斯一起移居屯門。宋代以後，廖、文、彭等較大家族陸續遷入。

屏山鄧氏宗祠，大約有 750 年歷史。

新界原居民（攝於 1901 年）

三、清代香港的四大族群

　　清代香港的原居民主要有本地、客家、疍家、鶴佬等四個族群。本地族群本來生活在中國嶺南以北地域，南宋以來陸續南移定居於廣東，然後再移居香港。這批移民在香港使用的方言屬於粵語系統，是一種與廣州話有相當差別的「圍頭話」（或稱「本地話」）。據香港輔政司駱克（James Stewart Lockhart）1898年統計，新界的本地人人口有64,140人，聚居於161個村莊裏，主要分佈在深圳河和元朗河（又名山貝河）谷地，務農為生，亦能經商。

　　客家人祖輩相傳是中原漢族，在不同歷史時期陸續遷徙至華南各地，通用方言為客家話，也有獨特的風俗習慣和建築特色。清朝政府採用資助耕牛和種子等措施，鼓勵客籍農民到新安沿海墾荒，於是大批客籍移民舉家合族由江西、福建，惠州、潮州、嘉應州等處而來。在嘉慶《新安縣志》中官富巡檢司管屬的村莊中，特別劃分出一個「官富司管屬客籍村莊」的類別；其中在香港的客籍村莊，至少有蓮麻坑、石湖墟、九龍塘、萬屋邊、麻雀嶺、沙田、橫台山、碗窰、鹿頸、烏蛟田、谷埔、吉澳、深水埔、擔水坑、沙螺洞、山嘴、城門、油甘頭、鶴藪等86條。

　　疍家是以船為家的漢族族群，獨立存在，不屬於漢族中的廣府民系。廣東疍家人的母語為粵方言中的疍家話，語音與粵語廣州話相近，但詞彙不盡相同。疍家人居住在溪流、港口、

香港的客家婦女

水道和島嶼上；諳熟水性，善於操縱木船和小船，主要從事漁業。疍家族群飄泊江湖河海，自古以來常遭到陸地居民歧視。

鶴佬亦稱福佬或河洛人，先輩來自福建，其後聚居於粵東潮汕、海陸豐一帶，最後移居香港，成為香港另一類漁民。鶴佬的方言是「福佬話」，即粵東腔的閩南話，被認為是新界最難懂的方言。

歷史文化知多點

遷海與復界

從康熙元年（1662年）起，為斷絕閩粵沿海居民與鄭成功的聯繫，清政府實行遷海30至50里的政策，迫令沿海居民內遷。當時，整個香港地區絕大部分在遷界的範圍內。民眾不得不放棄產業，背井離鄉。康熙《新安縣志》記載了民眾的慘況，有死喪者，也有拋妻棄子、為奴為婢者，甚至有全家服用毒草水自盡的。

然而，遷界措施未見其利先見其弊。鄭成功的勢力並沒有因此而受到制約，反而東南沿海社會經濟發展遭到毀滅性的破壞。康熙八年（1669）清朝政府接受地方官員的倡議，中止遷界，居民陸續遷回。康熙二十二年（1684），台灣鄭氏投降，旋即允許島嶼住民回歸，並開海禁。

隨着展界與開海，香港經歷了一次重新開發的過程。遷界期間，香港損失了大量的丁口，客家人的到來填補了這方面的空缺，大大增加了香港地區的勞動力。

第二節 十九世紀的人口流動與華商的崛起

十九世紀四十年代，英國割佔香港島後，吸引一些內地移民前往謀生。早期移民主要有苦力、打石匠、小販、僕役等勞動階層。隨着以維多利亞城為中心的商品經濟的發展，港島原有的以自然經濟為基礎的社會形態和經濟結構逐漸解體。

早年香港華人的原籍

開埠之後，香港的華人絕大多數原籍廣東，其中尤以廣州、番禺、南海、東莞、三水為多。1931年的時候，出生於廣東省者佔總人口65%，出生於香港者佔32.9%。本港出生的人口在總人口中的比重呈增長之勢，但直到二十世紀中葉，來自中國內地的居民仍佔多數。

一、大批華人避難香港

從十九世紀五十年代開始，廣東先後爆發天地會發動的紅兵起事、土客大械鬥和第二次鴉片戰爭，一批批華人湧到香港避難。這開啟了內地社會動盪時，香港作為避難場所的嚆矢。這些避難來的人，其社會成分和早期移民不盡相同，當中不少是腰纏萬貫的商人，隨同他們移民的還有手工業者。這一時期，從事進出口業務的南北行與金山莊崛起，成為華商的中堅力量。同時，為適應外商擴大對華貿易的需要，買辦和掮客的人數劇增。他們在不太長的時間內積累了驚人的財富，成為香港貿易經濟的重要支柱。

這些富商和手工業者利用他們的財富和技藝，從事貿易、經營商店，在香港大展拳腳，使華人經營的商店和手工業店舖

如雨後春筍般在香港迅猛發展。以1858年為例，當時整個香港島僅有居民七萬五千餘人，但華人開辦的店舖就有二千餘家。這些店舖中包括雜貨舖287家、洋貨店49家、行商35家、買辦30家、錢幣兌換商17家、米商51家、造船工棚53家、印刷所12家、金、銀、銅、鐵匠舖116家、木匠舖92家等。1859年，香港華人總數為85,330人；1865年增長為121,825人，增加的人口大部分是新移民。

二、華商的崛起

到十九世紀七十年代後期、八十年代前期，香港華商已經發展成為不容忽視的社會力量。1881年6月3日，港督軒尼詩（John Pope Hennessy）曾在立法局說，香港稅收「華人所輸，十居其九」。據統計資料，1876年香港納稅最多的20人中，有12名歐洲人，納稅62,523元，人均5,210元；有8名華人，納稅28,267元，人均3,533元。而1881年香港納稅最多的20人中，僅有3名歐洲人，納稅16,038元，人均5,346元；華人增到17人，納稅99,110元，人均5,830元。就是說，到1881年，在最富有的商人中，無論是納稅總額，還是人均納稅額，香港華商已經超過了西商。這時候香港開埠不過四十年，華人的經濟力量已經成為左右香港社會發展的重要支柱。

《循環日報》主筆王韜曾撰文介紹這個時期香港華商的崛起，他寫道：「近十年以來，華商之利日贏，而西商之利有所

旁分矣。即如香港一隅，購米於安南、暹羅，悉係華商為之。凡昔日西商所經營而擘畫者，今華商漸起而予其間……」

THE HONGKONG GOVERNMENT GAZETTE, 11TH JUNE, 1881. 425

was justified in recommending the Queen
point a Chinese member on the Legislative
il in a Colony where so much of the com-
l life is conducted by the Chinese—where
althiest merchants are Chinese—where they
permanent inhabitants, and where nine-
of the Government revenues are contributed
m. We have, I am happy to say, a repre-
ve here of the old house of TURNER & Co.,
representative of the great house of JARDINE,
SON & Co.,—and the official members of the
, they also represent something more than
ernment; so that, as far as this body is
ed, it has, I think, every requisite a legis-
ody should possess for the proper conduct
c business. And that is one reason why
the progress this Colony has made as
and safe. It has not been the doing of
man. It has been brought about, in fact,
ommunity, and under the watchful eye
gislature of the Colony.

1881年港督軒尼詩在立法局的演說詞：「本港國餉，華人所輸，十居其九。」所謂「國餉」，是指港府收入。

十九世紀末、二十世紀初的香港華人社會精英。他們中間有何東（7）、陳賡虞（8）、吳理卿（10）、關心焉（12）、劉鑄伯（14）、何福（17）、何甘棠（20）、伍漢墀（23）、曹善允（24）、莫藻泉（30）等。

三、華人社團的出現

　　隨着華商力量的增長，華商組織的社會團體相繼出現。其中較早成立而具有相當規模和影響力的，是1868年由香港華商建立的南北行公所。1870年，政府立法成立東華醫院，成為匯聚香港華商的領頭社會慈善組織。不過，香港總督麥當奴（Richard Graves MacDonnell）雖然支持建立東華醫院，而且認為這樣做可以得到「道義上的好處」，但對華人始終不放心，甚至懷疑東華醫院的董事抱有政治目的，因此責令撫華道密切注意。儘管如此，東華醫院實際上已成為一個代表香港華人的團體，對推進在港華人的發展產生巨大而深遠的作用。

歷史文化知多點

東華三院

　　東華三院是香港歷史最悠久的華人慈善團體。1872年，東華醫院院址落成啟用，為貧苦市民提供免費中醫藥服務。其後，隨着香港人口不斷膨脹，醫療服務需求日增，位於九龍油麻地的廣華醫院及香港銅鑼灣的東華東院於1911年及1929年分別落成投入服務。1931年，東華為加強三間醫院的管理，決定由一個董事局統一管理三間醫院，合稱「東華三院」。東華三院除贈醫施藥外，更同時提供社會福利及教育服務。現時，東華三院已發展成為全港最具規模的慈善機構之一。

1872 年啟用的東華醫院

東華醫院成立之後，陸續有華商組成有份量的團體，以應對華商和華人社會的需求。1878年，華商盧賡揚等創辦慈善團體保良局；1896年，華商古輝山等組織中華會館；1900年，華商馮華川、陳賡如等組織香港華商公局；1913年，華商劉鑄伯改組華商公局為香港華商總會，與屹立於香港半世紀的西商會分庭抗禮。1952年，華商總會更名為香港中華總商會，會務一直延續至今。

隨着華商力量的增長，許多中文報刊亦陸續在香港創刊。比較重要的有約於1864－1865年創刊的《香港中外新報》、1872年創刊的《華字日報》、1874年創刊的《循環日報》和1880年創刊的《維新日報》等。其中《循環日報》最明顯地代表華商利益，充當了華商的喉舌。

第三節 戰後移民與經濟發展

二戰以後，由於國共內戰和政權更迭，大量合法和非法移民到港定居，令香港作為移民城市的特徵更為明顯。1961年3月7日，人口普查日所得的香港總人口為313.3萬人，其中約82.7萬人是1949年以來進入香港並在港定居的。據統計，1949年以來約24.4萬名新生嬰兒是這些移民的後代，可見共有107.1萬人口是移民的直接後果。按照每天50人的配額計算，1949至1960年這十二年內，進入香港的合法移民應該少於25萬人。在

1950 年粵港邊境封鎖前，由內地進入香港的移民。

此期間進入香港的移民，應該有三分之二以上是非法移民。

當內地局勢動盪不安時，香港局勢相對平靜，自然成為上海企業家戰略轉移的一個選擇。當大量包括上海企業家在內的移民湧到香港時，恰逢美國帶頭對華禁運，香港不得不選擇經濟轉型。在香港這一歷史性的轉折關頭，上海移民企業家成為香港工業化的領軍人物。當年唐翔千、唐炳源、曹光彪、王統元、李震之、吳文政、方肇周、郭正達、楊元龍、安子介、榮鴻慶等總計達三十多位的上海棉紡企業家並非隻身空手來港。除了一家老少同來，他們亦帶來了生產設備、資金、營商網絡。更為重要的是，他們均擁有那種在巨大危機和挑戰下尋找出路的企業家精神。這樣一批企業家，加上大量貧困移民成為

肯吃苦的低廉勞動力，促使香港踏上了工業化道路。

此外，由上海移民香港的企業家包玉剛、董浩雲、趙從衍、曹文錦在香港成為國際航運鉅子，奠定了香港國際航運中心的地位。

戰後香港移民大部分來自中國內地，也有少部分是來自東南亞的華僑，陳有慶、田家炳、郭鶴年等就是其中的佼佼者。

1957年前後、1962年前後、1972年「文革」期間和1978至1979年，內地曾發生過四次逃港潮。1974年11月，香港政府實施「抵壘政策」，即非法移民只要到達市區，就能登記申請並取得居住權。主要原因是當時香港需要大量勞動力，所以港府對內地居民逃港「睜一隻眼閉一隻眼」。1980年10月，麥理浩到廣州與廣東省官員會談，雙方同意限制每天的合法移民數量。香港政府隨即將抵壘政策改為「即捕即解」政策，所有非法入境者均會被遞解出境。1982年，香港政府與內地達成協議，單程證配額為每日75人，至1995年增至每日150人。

1977年11月17日，鄧小平在聽取廣東省負責人彙報逃港問題時說：「這是我們的政策有問題，不是部隊所能管得了的。」他又說：「生產生活搞好了，還可以解決逃港問題。逃港，主要是生活不好，差距太大。」改革開放後，內地經濟迅速發展、人民生活不斷改善，香港政府也改變了對非法入境者的政策，所以進入八十年代後，再也未出現過逃港潮。

移民與香港棉紡織業的發展

　　戰後香港工業建設中，最突出的成就是紛紛設立的紗廠。紗廠大多為蘇浙籍工業家來港開設，所需資本較大，動輒數百萬元至一二千萬元，非小資本家所能經營。1947年底，戰後第一家紗廠——大南紗廠在九龍紅磡建立，機器均屬新型設備，有紗錠5,000枚。1955－1961年，香港的棉紡工業更有長足的進展，使海外同業側目而視，以致激起了限制港產棉紡織品進口的要求。到1962年底，香港紗廠共有35家，紗錠達60萬枚，僱用工人19,000餘名，每年出產棉紗60萬包，價值5億元左右，成為香港工業的主幹。1955－1961年，紡紗業生產能力每年平均增加率為16%。1960年代末、1970年代初出任香港政府財政司的夏鼎基（Charles Philip Haddon-Cave）高度肯定棉紡業在香港經濟發展上的貢獻，他說：「（棉紡業）這個工業佔本港工業輸出最重要的一環，與本港經濟繁榮息息相關。」

第四節 非華裔人士與香港社會

　　香港開埠以來，華人一直佔人口的大多數，但在「九七」回歸前，香港部分非華裔人士在經濟實力上與華人不遑多讓。百多年來，香港在建設和發展為國際大都會的進程中，他們扮演過重要角色。

連卡佛洋行是由兩名英國商人於1850年在香港創辦的。這是香港歷史最悠久的外資百貨公司，對香港百貨業影響巨大。

在港葡萄牙人多於澳門土生土長。他們不少會講粵語，在香港開埠時隨英國人來港，經常充當翻譯的角色。基於語言優勢，他們多從商或擔任公務員。根據1871年的人口普查，在港的葡萄牙人有1,367人，甚至多於英人869人的數目。儘管如此，他們還是因長期在亞洲居住，有的具有亞洲血統而遭到歧視。由於被視為較次一等的歐洲人，他們大多無法擢升至洋行或政府的最高級管理層。

葡萄牙人對香港印刷業貢獻很大。例如，1844年，澳門葡人羅郎也（Delfino Noronha）在香港開設了著名的羅郎也印字館，是香港首間印刷公司，從1859年開始為政府印刷憲報等官方刊物，跨越三代人。最後公司被政府買入，成為政府印務局。1848年沙爾德聖保祿女修院的法國修女抵達香港。她們在港島開辦聖童之家孤兒院，成立聖保祿醫院、寄宿學校，又在九龍開設了聖德肋撒孤兒院、聖德肋撒醫院（法國醫院）。

一些在香港人數很少的族裔也出現過一些傑出的家族或個人，其中尤為耀眼的是來自南亞和東南亞的群體。

南亞裔群體來自過去的英屬印度，即今天的印度、巴基斯坦、孟加拉等地。不少南亞裔人士早期在香港擔任公務員，集中在警察和監獄部門服務。另外，也有很多南亞裔人士在香港從商，其中不少來自孟買。天星小輪的創辦者米泰華拉

（Dorabjee Naorojee Mithaiwala）就是來自孟買的巴斯人。與他同族的麼地（Hormusjee Narobjee, Mody）是香港巴斯商人中成就最高、貢獻最大的一位。他對香港最大的貢獻，是捐贈巨資作為興建香港大學主樓的費用。嘉道理家族是十九世紀來港發展的猶太人。他們的祖先世居巴格達，但在十八世紀遷居印度孟買。他們旗下的中電集團於1901年在香港註冊成立，當時名為中華電力有限公司，至今仍是香港兩家電力供應商之一。1951年，賀理士·嘉道理爵士（Horace Kadoorie）和羅蘭士·嘉道理勳爵（Lawrence Kadoorie）兩兄弟創立了嘉道

1960 年代的農展會上，接受嘉道理農業貸款資助的農戶展示其農業養殖成果。（圖片由香港社會發展回顧項目提供）

1985 年 1 月 19 日，鄧小平會見羅蘭士‧嘉道理為首的香港核電投資有限公司代表團。鄧小平在談話中祝賀香港核電投資有限公司與廣東核電投資有限公司合營的廣東核電站合同於 1985 年 1 月 18 日正式簽字。（圖片由香港社會發展回顧項目提供）

理農業輔助會，為有需要的農民提供培訓、農資和免息貸款，讓受助人可以自食其力。在港的南亞裔人士雖然有着不同的宗教與文化背景，但都為這座城市的發展作出了貢獻。

東南亞一些革命領袖曾在香港從事革命活動。黎刹（José Rizal）醫生是菲律賓民族革命的先驅。1891年12月至1892年6月他在港行醫，不僅醫術為人稱道，還組織了旨在爭取獨立的政黨「菲律賓同盟會」。

1929年10月，越南革命領袖胡志明由泰國到香港，準備

將越南的三個共產主義組織統一稱為一個共產黨。1930年2月3日，越南共產黨成立會議（統一會議）在九龍侯王廟附近的海邊舉行。1931年6月5日，港英當局以蘇聯特務嫌疑的罪名逮捕胡志明，將其關進域多利監獄。共產國際通過其網絡聘請了同情左翼的英國律師羅士庇（Francis Loseby）處理胡案。經過多次審訊，港英法庭沒有足夠的證據給胡志明定罪，只能將他驅逐出境了事。1933年初，胡志明乘船離開香港，經廈門到達上海。

越南革命領袖胡志明

菲律賓民族英雄黎剎

第七章 與世界的聯繫

　　香港自古以來就是中國內地對外交通的門戶，亦是西方了解中國、進入中國的窗口和通道。香港坐擁亞洲的重要航道，北通中國內地及東亞其他國家，南至東南亞。優越的地理位置加上自由港政策，使香港漸漸發展成國際航運及金融中心。香港亦是中外文化薈萃之地。長時間與世界各地緊密聯繫，累積了與不同地區、不同文化交流的經驗，形成了香港社會對各種新事物開放包容的風氣。

第一節 國際航運中心

一、香港航運業發展的有利因素

　　香港的航運業為什麼能發展起來呢？這可以簡單歸納為兩個因素——優越的地理條件及自由港政策。香港處於廣東珠江口東側，瀕臨南中國海和西太平洋，有利拓展往返香港、中國內地及遠洋各國的航線；香港亦處於亞太地區的中心，面向東南亞，可經太平洋與印度洋海上幹線輕易前往美洲、歐洲、非洲各地，佔盡地利。加上香港擁有一個優良的港口，水深港闊，終年不結冰，且四面環山，風浪較少，可讓多艘船舶通過和靠泊，有利於航運業發展。英國人宣佈香港為自由港後，所

有商人皆可自由進出和利用香港的港口進行貿易，除極個別商品外，無需繳納任何關稅。於是各國商人都被吸引前來，使香港的轉口貿易逐漸發展。作為轉口貿易的支柱，航運業就在香港蓬勃發展起來。

二、十九世紀的香港航運

香港早期繪畫作品中，十九世紀的維多利亞港停泊着各式各樣的多桅帆船，彩旗隨風飄逸，陣容壯觀。這些帆船大多由外國洋行擁有，許多是運載鴉片的走私快船。

十九世紀香港維多利亞港帆船滿佈

歷史文化知多點

帆船Vs輪船

世界最早的帆船起源於古埃及。至少在公元前1500年之前，人類已使用帆船進行跨海貿易。工業革命期間，發明家產生用蒸汽機作動力推動船舶的想法，並在船上安裝輪子等推進器，但早期並未普及。香港開埠初期，不論近海或遠洋航運，都使用帆船為水上運輸的主要工具，但隨着輪船技術發展成熟，輪船運輸逐漸取代帆船。帆船則慢慢走向以休閒及運動為主的娛樂用途。

第二次鴉片戰爭後，外國獲取在中國沿海和內河貿易的許多特權，直接推動香港航運業進入了大規模的發展時期。大批貿易商行看準商機，紛紛投資於航運業，組建輪船公司，其中經營中國沿海、遠洋及內河航線的外國輪船公司就有十三家，包括旗昌輪船公司、省港小輪公司、半島東方輪船公司、省港澳火船公司等。1869年，蘇伊士運河開通，縮短了香港與歐洲之間的航程時間，推動英國、美國、法國、意大利、德國和日本等國開闢來港的航線，使航運業更趨繁榮。十九世紀末，香港已成為聯結中國江海並溝通外洋的海上交通樞紐。

太平洋郵輪公司（又稱花旗輪船公司）的蒸汽輪船日本號（SS Japan）於
1868 年投入來往香港及舊金山的客運服務。

歷史文化知多點

蘇伊士運河

　　蘇伊士運河位於埃及，連接地中海與紅海，大幅度節省歐
洲與亞洲之間的南北水運航程。運河建成前，船隻來往歐亞須繞
過非洲南端的好望角，一些商旅甚至從船上卸下貨物，用陸運在
地中海和紅海之間運輸。運河開通後，以從英國倫敦港到香港的
航行為例，穿過蘇伊士運河比繞道好望角縮短至少四成的航程距
離。

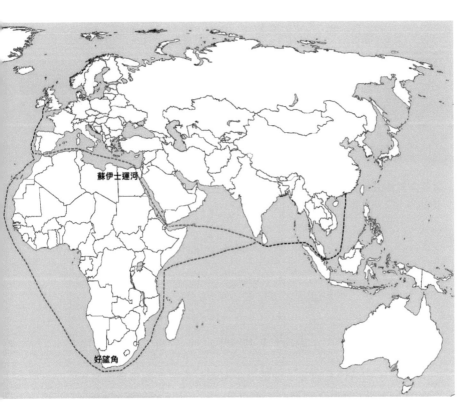

蘇伊士運河開通，使來往歐亞的航程大大縮短，刺激香港航運業發展。

　香港史讀本・【下篇】香港社會的發展特點

1860年至1895年間開闢來港航線的輪船公司

年份	相關事件
1860	美國郵輪開闢往來新加坡和香港之間的航線
1863	法國郵船公司在香港開業，開闢往來歐洲和香港之間的航線
1867	往來香港和舊金山之間的航線開始投入服務
1870	太古、怡和、旗昌三家公司合辦往來馬尼拉和香港之間的航線
1880	意大利郵船公司開闢往來意大利和香港之間的航線
1881	加拿大昌興輪船公司開闢往來日本、溫哥華和香港之間的航線
1885	北德意志路易公司成立，開闢往來香港、日本、新加坡、德國、英國、西班牙、意大利等地的航線
1895	捷成洋行（Jebsen & Co.）成立，開闢往來香港、印度、蘇門答臘等港口的航線

三、二戰後香港航運業的高速發展

戰後隨着香港及遠東經濟的蓬勃發展，香港航運業高速成長。香港不少船東看準國際市場對海運的需求，抓緊時機，利用銀行貸款大量購造新船，建立了龐大的商船隊伍。據統計，1970年，由香港船東擁有和代管的船舶有311艘，載重噸為709萬噸；到了1980年，已增加至1,400艘、5,543萬噸，規模僅次於日本、希臘。在新興的船東勢力中，華資船東更是獨領風騷，打破了英資長期壟斷航運業的局面。他們以香港為基地，

拓展世界海運市場，迅速崛起於世界航運的舞台，是香港航運業繁榮和興盛的重要標誌。

四大船王：包玉剛、董浩雲、趙從衍、曹文錦（由左至右）

東方海外貨櫃航運公司是董氏航運集團下屬公司。圖為該公司旗下貨櫃船巴拿馬號（OOCL Panama）。

　　隨着貨櫃運輸在世界各地愈加普遍，香港政府自1970年起積極籌備興建葵涌貨櫃碼頭，配合行業的高速發展。1978年，國家推行改革開放政策，香港的轉口貿易再度興旺。進出香港的外貿商船數量持續上升，航行區域和運輸市場呈現出更多元化、國際化的傾向。香港漸漸發展成國際航運中心，擁有連接世界各大洲不同地區的密集航線，遍及中國內地、美國、英國、荷蘭、韓國、新西蘭、新加坡、比利時、丹麥、挪威和德國等國家和地區，在世界航運領域佔有舉足輕重的地位。

歷史文化知多點

葵青貨櫃碼頭

　　葵青貨櫃碼頭位於新界葵青區藍巴勒海峽。早年香港的貨運中心位於尖沙咀九龍倉碼頭。隨着香港經濟發展和航運業的需求，1970年代香港政府開始在葵涌興建碼頭，稱為葵涌貨櫃港。回歸之後，貨櫃碼頭的範圍在2002年擴展到青衣乃至昂船洲沿岸，其名稱亦變為葵青貨櫃碼頭。截至2024年，根據香港海運港口局的數據，葵青貨櫃碼頭擁有9個碼頭、24個泊位，每年可以處理超過2,000萬個標準貨櫃。葵青貨櫃碼頭是位於世界前列的重要碼頭，也是中國重要的貨櫃物流中心之一。

繁忙的葵青貨櫃碼頭

第二節 國際金融中心

　　香港是國際金融中心，在全球金融中心指數排行榜上多次排名第三位，與紐約和倫敦並駕齊驅，共享「紐倫港」的美譽。

歷史文化知多點

紐倫港

　　紐倫港（Nylonkong）是全球三大國際金融中心及大都會紐約、倫敦及香港的合稱。該詞由2008年《時代雜誌》的文章〈三城記〉（A Tale of Three Cities）提出，文章談及這三座城市在文化、制度上的共通點，例如多元文化社會、擁有完善證券市場、以英語為官方語言等。三座城市座落不同的大洲及時區，有效彌補交易時段空檔，所構建的金融網絡覆蓋了世界經濟，推動全球化發展。

一、早年的香港銀行

　　現時香港外資、中資和華資銀行數量眾多，各類金融機構林立，提供多元化便利的金融服務。然而在香港開埠初期，銀行還未進駐香港時，最早的金融服務往往由洋行的「代理店」和華人的銀號提供。較著名的代理店有英資怡和洋行、美資旗昌洋行的代理店，主要負責外匯買賣及票據貼現。不

過，一些規模較小的洋行資本有限，難以成立自己的代理店，若要使用大洋行的服務，因彼此存在競爭關係，又不甚方便，因此還是需要有一所獨立的銀行來處理。最早來港開業的外資銀行，是總部設在印度孟買的東藩滙理銀行（Oriental Bank Corporation），該銀行1845年在香港開設分行，1846年開始發行鈔票。1884年，該行因大量貸款壞賬而破產。首間在本地註冊、以香港為總部的銀行，則是外商1865年創立的滙豐銀行（The Hongkong and Shanghai Banking Corporation Limited），其後它相繼在上海、天津等地設立分行。

建於 1886 年的第二代匯豐銀行總行大廈

二、華資銀行的興起

本地華人亦結合傳統銀號和西方銀行經營方式，創設華資銀行。首間在港註冊成立的華資銀行名為廣東銀行，由美國華僑李煜堂、陸蓬山等於1912年創辦。銀行業最講求信譽和資本，一間剛成立的小銀行，要與實力雄厚的外資大銀行競爭，殊不容易，所以廣東銀行初期業務的發展十分緩慢。正值此時，陸蓬山成功把握一次機會，把銀行資本翻了一倍。第一次世界大戰期間金價大跌，陸蓬山認為機會難得，把銀行的港元資本全數兌換成英鎊，當戰後金價回升，廣東銀行的資本亦隨之大為增加，一舉躍升為資本雄厚的銀行。

至1935年止，在香港註冊成立的華資銀行共十一家，其中最成功的是1919年啟業的東亞銀行。創辦人是以簡東浦、李冠春和李子方兄弟、周壽臣等為首的九位最有實力的香港華商，他們結合西方銀行的營運精神及華人社會的習慣，作為銀行的營運方針。東亞銀行發展相當迅速，存款年年上升，代理遍佈各大洲，先後加入香港華商銀行公會、香港外匯銀行公會及香港票據交換所，被譽為「華南最穩健、實力最強的華資銀行」。

1921 年德輔道中的東亞銀行新總行啟用

三、國際金融中心的形成

　　香港在第二次世界大戰前，一直只是一個次區域性金融中心。1970年代，香港經濟加快發展，百花齊放，證券市場蓬勃發展，政府實施多項有利政策，吸引外資銀行及跨國金融機構湧入香港，推動香港金融業高速增長，邁向多元化及國際化，香港亦在此十年間崛起成為亞太區國際金融中心。

國際金融中心的分類

不少學者曾研究國際金融中心的分類,其中鍾斯(J. Jones)在其著作中提出金融中心可分三類:A類是次區域性中心,其國際金融活動的重點是該中心的本國經濟與其他國家的雙向貿易;B類是區域性中心,能較向大的地理區域提供金融服務;C類是全球性中心,向全球提供全面性的金融服務。

以香港持牌銀行為例,1969年海外註冊的銀行只有30間,到了1979年已增至71間,外資銀行佔的比例達67.6%。香港銀行體系的海外貸款同期由2.04億港元暴升百倍至207.8億港元,每年平均升幅達58.8%,而本地貸款平均升幅只有25.4%。這反映跨國銀行以香港為基地,向亞太區以至全球客戶提供貸款。同時,保險業、基金管理業、外匯市場、黃金市場和股票市場也加快了國際化步伐。

香港銀行體系向本地及海外客戶提供的貸款總額

（單位：百萬港元）

	1969 年	1979 年	每年平均增幅
向本地客戶提供的貸款	7,680	73,690	25.4%
向海外客戶提供的貸款	204	20,778	58.8%

資料來源：饒餘慶：〈戰後金融業的演變與發展〉，原載《20 世紀的香港經濟》。

　　推動香港金融發展的其中一個轉變，是政府的管理思維由原來「自由放任」主義過渡至「積極不干預」主義。「放任主義」是完全倚賴市場機制調節，雖然有彈性，但容易出現經濟危機。以1960年代銀行擠提事件為例，正是源於銀行過分貸款，缺乏監管而引發；1973年股災前夕，外資投機集團利用空殼公司混水摸魚，股市泡沫爆破後暴跌。這些事件都為正在起飛的香港經濟帶來沉重打擊。

　　「積極不干預」政策同樣建基於自由的市場經濟政策，但強調以積極的態度，在有需要時審時度勢，權衡輕重，仔細考慮支持和反對採取干預行動的理據。事實上，政府推行金融自由化政策的同時，亦通過立法改善機制，例如1974年訂立的《證券條例》是政府首個全面監管證券業的條例。在此背景下，香港的金融監管制度和法制愈趨成熟穩健，有助構建一個穩定的投資環境，讓各國投資者放心把資金投放在香港的金融市場。

香港中環一帶金融機構林立。圖中有中國銀行、滙豐銀行和渣打銀行的辦公大樓。

第三節 中外文化薈萃

香港航運及貿易發達，與西方長期緊密接觸。開埠以來，香港逐漸發展成一個華洋雜處的城市，外國傳教士、商人和華人在香港留下足跡，對中外文化交流作出重大貢獻。

一、理雅各翻譯四書五經

最早肩負起中外文化交流重任的是一批來華的傳教士，倫敦傳道會傳教士理雅各（James Legge）可說是其中的佼佼

者。理雅各於1843年隨英華書院遷往香港，逐漸萌生出翻譯中國經典的意念。他在1858年往廣州考察期間，發現廣東貢院至少有7,242間大小房間供考生使用。他對中國人如此熱衷學習感到很驚訝，認為中國古代儒家經典對中國人的生活方式和風俗習慣具有重大影響，要了解中華民族，首先要了解中國的經典著作。

理雅各花費二十多年光陰，在王韜、黃勝等中國學者幫助下，將四書、五經翻譯為英文，在香港及倫敦出版。譯本名為《中國經典》（*The Chinese Classics*），採用中英文對照形式，附有英文註釋，是香港翻譯歷史上一個浩瀚工程。

從十六世紀末開始，東來的外國傳教士對中國經典已陸續有所譯述，但將「四書五經」完整地譯為英文介紹給西方世界

理雅各與他三位華人學生

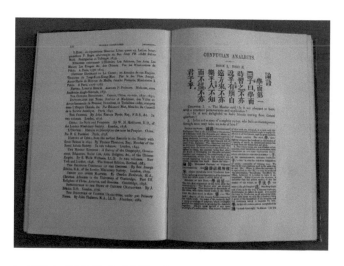

理雅各翻譯出版的《中國經典》，圖為書中「四書」英譯本之
一部分。

的，除理雅各外別無他人。理雅各翻譯「四書五經」對於豐富
人類文化寶庫，對於加深中國和世界各國人民的相互理解，作
出了重大貢獻。

理雅各將中國經典介紹到西方的同時，也把西方的新知
識帶到中國。理雅各曾任最早在香港出版的中文月刊《遐邇貫
珍》的主編，該書刊在香港及廣州、廈門、福州、寧波、上海
等通商口岸銷售，介紹西方社會科學和自然科學，使國人眼界
大開，影響遠至日本。

二、王韜與《循環日報》

1874年，曾協助理雅各翻譯中國經典的王韜於香港創辦

《循環日報》，該報是香港第一份能夠反映香港華人輿論的中文日報。王韜在《循環日報》上撰寫大量政論文章，宣傳政治改良的主張，促進了中文讀者對西方文化思想的認識，產生了廣泛的政治影響。

王韜（1828－1897年），原名王利賓，蘇州人。他因逃避清政府追捕移居香港，初期主要協助理雅各翻譯中國經典。1867年，理雅各返英省親，邀請王韜同行繼讀助譯。王韜先後在受西方影響較深的上海、香港等地居住，又曾親往英、法等西方國家考察，對西方文化及制度的了解，遠比同時代其他中國文人深刻。

王韜在變法上有其獨特見解，認為不能只學西方的船堅炮利，還要學其政治經濟制度方面的長處，例如在政治制度方面，王韜推崇「君民共主」（即君主立憲），政府政策「必君民意見相同」，而後可以頒行之於遠近。他認為中國應該變革的有取士、練兵、學校、律例等方面，即主張從人事、軍事、教育、法律等方面對封建制度進行變革。他鼓吹發展工商業，提倡開採鐵、煤、五金礦產，發展機器紡織業，興築鐵路，主張「令民間自立公司」，發展輪船運輸業等。

從王韜的人生歷程可以看到，香港中外文化薈萃的特殊社會條件為他的思想發展提供了充足的養分，西方的經驗也使香港這個傳統的漁農社會面貌發生巨大變化，並且啟發中國先進的知識份子探索國家可行的出路。

王韜畫像

三、中西合璧的飲食文化

與世界各國長年累月的接觸和交流，使香港社會對外來事物一貫持開放和包容的態度。以飲食文化為例，香港長久以來都享有「美食天堂」的美譽，在各種文化交融之下，衍生出中西合璧的飲食習慣：中式餐飲方面，本地有茶樓、酒樓、小館、大排檔及圍村菜；西式飲食則設西餐廳和冰室。除此之外，更創出本地特有的茶餐廳及港式快餐，連同來自日本、韓國、泰國、意大利、墨西哥等地的菜館，可謂全球美食的總匯。

說起香港飲食文化中西交融，就不得不提茶餐廳這個「港味十足」的飲食場所。茶餐廳起源於二十世紀初興起的冰室，由於當時西餐廳價格高昂，為滿足一般市民的需要，便出現模

香港享有美食天堂的美譽，匯聚各國美食。

仿西方咖啡室的冰室，專門售賣簡單的西式小食及飲品。踏入
1970年代，香港經濟及社會急速發展，許多冰室開始轉變經營
模式，引入中式餐飲，改名「茶餐廳」，並陸續創出中西合璧
的食品。茶餐廳既沿襲冰室的傳統，供應西方餐飲如煎蛋、多
士、意粉及咖啡，又創出香港獨有的絲襪奶茶、鴛鴦（咖啡與
奶茶的混合）、乾炒牛肉意粉、叉燒餐包、檸樂煲薑（檸檬、
可樂和薑汁的混合）等。時至今天，茶餐廳已經包羅萬有，不
但具備廣東燒臘、潮式粉麵、雲南米線和其他中式小菜，亦提
供西式鐵板餐、焗飯、甜品等，甚至會製作東南亞及日韓料
理。

香港茶餐廳

歷史文化知多點

冰室及絲襪奶茶名稱的由來

「冰室」的名稱一說因其樓底高，天花吊扇涼風送爽，而且提供紅豆冰等冰製飲品，所以得名；一說源於清末梁啟超的同鄉以其書齋「飲冰室」之名經營食店。另外，本地也有不少冰室以「咖啡室」、「茶冰室」、「冰廳」等命名。

絲襪奶茶又稱港式奶茶，是香港代表性飲品之一。沖調絲襪奶茶時需將沸水倒入裝有茶葉的濾袋，隔走茶渣或其他顆粒，使奶茶口感柔滑細膩。濾袋經紅茶浸泡後容易變黃，仿如女性用的絲襪，故俗稱「絲襪奶茶」。

四、多種宗教和平相處

　　宗教在香港無處不在，盡顯多元文化的特色。佛教、道教、孔教、基督教、天主教、伊斯蘭教、印度教、錫克教、猶太教等源自世界各地的宗教，在香港這片土地落地生根。香港有許多不同宗教的建築物，例如基督教教堂、佛寺、道觀、清真寺等，供教徒恆常進行宗教儀式，反映香港居民不同的宗教信仰。除了慶祝春節、清明、端午、中秋等我國傳統節日外，與西方宗教關係密切的復活節和聖誕節等節日已融入香港人生活。

建於 1849 年的基督教聖約翰座堂，是香港最古老的西式教會建築。

佛教聖地寶蓮寺的天壇大佛（蘇萬興攝）

建於 1896 年的九龍清真寺是香港最大的清真寺

香港基本法第三十二條保障香港居民有宗教信仰自由，有公開傳教和舉行、參加宗教活動的自由。不同宗教在香港人口密集的環境中和平相處，彼此尊重，通過對話互相交流，構建和諧共融的社會。

五、推動中華文化走向世界

香港是中國內地對外的門戶，同時是外國了解中國的一扇窗口。不只是外來文化透過香港傳入內地，中華優秀傳統文化在香港的傳承，亦讓香港發揮橋頭堡的作用，透過與國際的聯繫，協助推動中華文化「走出去」，推廣到世界各地。這正是2022年7月開幕的香港故宮文化博物館的其中一項使命，該博物館坐落於西九文化區，與世界重要文化機構建立緊密聯繫，積極展開對外交流，充分利用香港這個平台，讓中華傳統優秀文化在國際上傳揚得更好。

香港故宮文化博物館鳥瞰（中國新聞社照片）

第八章 與祖國內地的緊密聯繫

香港與祖國內地無論從血緣、地緣或歷史角度看，一直存在緊密的聯繫。中華人民共和國建立以後，兩地關係更為密切。

我國政府從經濟上大力支持香港，東江水供港和「三趟快車」是十分感人的典型事例。這一方面是國家對香港「長期打算，充分利用」的戰略需要，也是國家關心香港同胞福祉的體現。

賑災互助方面，二十世紀五十至七十年代，中央政府在經濟尚有困難的情況之下，仍然撥出不少錢款和大米，賑濟香港火災和風災災民。1991年華東大水，香港市民捐款超過六億港元，踴躍捐款的場面感人至深。

國家實行改革開放政策，為香港經濟的發展提供了千載難逢的大好機遇。港人更加關心國家的發展和前途，香港與祖國內地的關係更加緊密。港人以前所未有的熱忱支持國家教育、科技、文化和體育事業的發展。

第一節 東江水供港

一、港英當局求助中方解決香港水荒

香港水資源匱乏。戰後香港民間流傳着一首民謠:「月光光,照香港,山塘無水、地無糧。阿姐擔水去,阿媽上佛堂,唔知幾時沒水荒。」戰後香港經常鬧水荒,港英當局束手無策,不得不求助於中國政府。香港中華總商會和工聯會也曾多次向廣東省反映香港的供水困難。

1960年11月15日,香港政府與廣東省寶安縣人民委員會

1963年香港出現六十年來最嚴重水荒。圖為市民排隊輪候取水。

簽訂協定，每年由深圳水庫向香港供水50億加侖，水費為每1,000加侖人民幣1角。

1963年，香港發生嚴重水荒。6月13日，香港政府出台「制水」（用水管制）政策，每四天供水一次，每次供水四小時，350萬香港市民苦不堪言。為落實「制水」政策，港英當局關停居民家中的自來水設備，只在街頭開設極少數供水站。

水荒給香港的經濟民生帶來巨大的危機。因缺水，紡織業減產三至五成，農業損失1,000多萬港元，旅遊業損失大量遊客，飲食業無法維持。超過130個行業因停工減產損失近6,000萬港元。

廣東省政府一方面同意香港政府用輪船從廣東運送淡水救急，另一方面積極尋求長遠解決香港淡水供應不足的問題。當年5月24日，新華社香港分社社長梁威林提供了一個解決香港水荒的長遠之計，就是興建一條輸水管，將東江水送到香港。

二、東江—深圳供水工程

中英雙方多次接觸之後，周恩來總理下令修築東江—深圳供水工程。1963年12月8日，他聽取廣東省水電廳廳長劉兆倫關於工程方案的匯報後指出：「香港居民百分之九十五以上是我們自己的同胞，供水工程應由我們國家舉辦、列入國家計劃，不用港英當局插手。向香港供水問題，與政治談判要分開，不要連在一起。供水計劃可以單獨進行。」他僅要求工程

圖為 1965 年 2 月 27 日，廣東省副省長林李明在東江—深圳供水首期工程竣工典禮上剪綵。後排右起：香港中華總商會副會長王寬誠、香港工聯會會長陳耀材、香港中華總商會會長高卓雄。

建好後，採取收水費的辦法，逐步收回工程建設投資費用。水費應該實行經濟核算，每一噸收一角錢（人民幣）可定下來，不要討價還價。

東江—深圳供水工程翻山越嶺，工程量大，中央政府考慮到香港同胞的需要，集中人力物力確保工程順利完成。1964年工程建設初期，中國經濟尚未復興，但國家仍然從援外資金中撥款人民幣3,800萬元。首期工程於1965年2月27日竣工，同年向香港供水6,000萬立方米，佔當時香港全年用水量的三分之一。

為了滿足香港不斷增長的用水需求，1970年代到1990年代，東江—深圳供水工程耗資逾人民幣20億元，分三期擴建。1994年底，第三期擴建工程完工後，對香港的供水能力增至每年11億立方米。

　　香港回歸以後，為向香港提供優質穩定的水源，廣東省累計投資76億元人民幣，進行了東深供水改造工程。2000年8月，改造工程啟動，運用了同類型最大現澆預應力混凝土U形薄殼渡槽等前沿技術。改造工程完成後，供水系統升級為封閉的專用水道，徹底實現清污分流，水質全面提升。

改造工程建成旗嶺、樟洋、金湖三座現澆無黏結預應力混凝土U型薄殼渡槽，在世界同類型渡槽中規模最大。圖為旗嶺渡槽。

第二節 三趟快車

一、中央高度關心香港同胞的「菜籃子」

香港地理空間狹小，難以發展大規模農牧業，加上持續增加的人口，使得香港食品的供應難以自給自足。無論從供應規模、運輸距離和食品質量等角度，中國內地都是香港可以仰賴的最可靠的食品供應來源。

新中國成立初期，在內地自身物資供應並不充裕的情況下，我國領導人多次表達對香港同胞「菜籃子」的關心。1959年1月，毛澤東針對內地供港副食品銳減的報道，指示鄧小平發給各省市自治區黨委書記關注。周恩來批示：「各地凡是有可能，對港澳供應都要負擔一些，不能後退。這個陣地越搞越重要，對港澳供應確實是一項政治任務。」1959年3月，中共中央發出《關於保證供應對港澳副食品出口的緊急通知》，除要求「廣東應該盡最大的努力」外，其他有關各省（自治區）也必須將對港澳出口副食品供應作為政治任務保證完成。1977年11月17日，鄧小平在廣州聽取中共廣東省委負責人韋國清和王首道等匯報時強調：「要找幾個省來共同出力解決香港供應的問題。」

二、三趟快車的開通

1962年，內地還處於「三年自然災害」以後的初步恢復過

程，周恩來總理就下令每天開「三趟快車」。

「三趟快車」是「供應港澳鮮活冷凍商品快運貨物列車」的簡稱。為了更有效地處理供應香港的鮮活食品，從1962年開始，鐵道部和外貿部安排了751次、753次、755次三趟列車，每天分別由上海、鄭州、武漢（或長沙）開往深圳，再將貨物運往香港。除了農曆正月初一，「三趟快車」衝破自然和人為障礙，一年364天每天按時運送，從未間斷。

為滿足香港市民對食品品質的需求，國家對供港食品總結出八字方針：「優質、適量、均衡、應時」。八字方針看似簡單，真正做到則需克服多重困難。鮮活商品用普通列車運送，普遍存在活畜禽死亡率高、果蔬腐爛多等問題。「三趟快車」一直致力於縮短運輸時間，降低活畜禽死亡率。1987年，對比普通貨物列車四至八天的運輸時間，751次只需52小時。根據湖北、湖南省外貿局統計，「三趟快車」使得活豬成活率提高4%至5%，活家禽成活率提高34%，鮮蛋完好率提高12%，活魚成活率提高25%。

為了保證食品質量，押運檢疫人員在艱苦的環境中付出了巨大的努力，需要進入臭氣熏天的欄圈或車廂與活畜禽近距離接觸，開展裝車或離境檢疫。

三、「三趟快車」的政治、經濟意義

「三趟快車」一直運營到2010年才退出歷史舞台。從1962

年至2010年，「三趟快車」運行48年來，累計41,100多列，輸送活豬9,800多萬頭、活牛580多萬頭、凍肉795多萬噸、活家禽數十億隻，以及數量巨大的瓜果蔬菜、蛋魚水產、乾貨食物等，食品安全率達到99.99%，對供應港澳市場發揮了重要作用。

在政治意義上，「三趟快車」體現了祖國人民對港澳同胞的關懷，安定港澳同胞的日常生活，對於激發港澳同胞的愛國熱情，促進香港的繁榮、穩定具有深遠意義。

在經濟意義上，「三趟快車」通過向港澳供應商品，可以直接收取自由外匯（即現匯），做好對港澳的供應工作，對出口創匯具有相當重要的意義。內地低廉食品穩定均衡的供應，

上海食品進出口公司活畜分公司從郊區 60 個飼養基地精心挑選活豬、菜牛，通過三趟快車送往香港。

廣東從化供港蔬菜基地

加上香港政府的公共房屋政策等措施，使得香港的通貨膨脹率
和勞動力成本低於西方工業發達國家，提升了香港在國際市場
的競爭力。

第三節 賑災互助

一、內地支持香港賑災

　　1953年聖誕節，石硤尾發生一場大火，火勢波及六條寮屋
村，最後焚燒了七千多間寮屋，五萬多名居民失去居所。中國
人民救濟總會粵穗分會及時匯來人民幣10億元（此處為人民幣
舊幣，折合港幣23萬多元），送來大米70萬斤。1954年1月，
香港華商總會和工聯會受中國人民救濟總會粵穗分會委託，在

界限街陸軍球場和楓樹街長沙灣球場，向石硤尾大火災民發放慰問金和救濟米。

1971年8月16日至17日，超強颱風露絲（Typhoon Rose）襲港，造成110人死亡、5人失踪、286人受傷，34艘遠洋船和303艘漁船受損。內地鼎力救助受災的香港同胞。香港中華總商會和工聯會接受委託發放賑災款項，牛奶飲品食品業職工會和其他工會組織動員救災，深入木屋區逐家逐戶慰問災民，幫助災民重新搭建木屋，協助他們登記領取祖國賑災款項。

1953 年聖誕節，石硤尾木屋區發生大火的場景。

1954 年 1 月，香港華商總會和工聯會受中國人民救濟總會粵穗分會委託向災民派發物資的場景。

中國紅十字會經由中國銀行匯去現款人民幣300萬元，並致電文慰問：

香港中華總商會：

獲悉八月十七日颱風襲擊香港，致使香港同胞數萬人受災，多人傷亡。祖國人民對香港遭受颱風災害同胞甚為關懷。中國紅十字會經由中國銀行匯去現款人民幣三百萬元，幫助他們克服風災帶來的困難。請港九工會聯合會和香港中華總商會將這一捐款轉發給受災同胞，並請代中國紅十字會向受災同胞致以親切的慰問。

1971年8月24日，新華社香港分社社長梁威林、副社長祁烽前往鯉魚門三家村災區慰問受災同胞，轉達祖國人民對香港受災同胞的關懷。三家村災民認為，祖國人民的關懷，不僅是物質上及時的援助，更重要的是精神上受到鼓舞。

1971年「八‧一七風災」，颱風「露絲」襲港。圖為工聯會工作人員將內地慰問金送到筲箕灣災民手上。

二、香港對內地的賑災義舉

1991年華東水災，約四千萬人流離失所。1991年7月27日，香港演藝界在跑馬地舉行長達七小時的賑災「忘我大匯演」，約十萬名市民參加活動，當場籌得善款一億零七十二萬港元，破香港義演籌款最高紀錄。亞視成立工作小組組織「愛心獻華東」演出，香港無線電視舉辦「華東水災籌款之夜」，西貢將軍澳地區組織「西貢及將軍澳賑濟華東水災義唱晚會」，高唱歌曲《我們是中國人》，為受災同胞呼籲捐款。

此外，一些團體和市民發動街頭捐款行動。港九各區街坊會積極呼籲各區街坊捐款賑災。長洲鄉事委員會聯合長洲各界社團發動「賑災籌款募捐巡行」，短短四小時內，就接到市民捐款港幣十七萬元。香港客家人團體崇正總會電函美國、加拿大、歐洲、日本等地的分會，捐款捐物，支援華東水災。香港各界別工會亦積極投入捐款救災的活動，香港旅遊業議會呼籲屬下六個屬會，由8月1日至8月7日，發動業內人士捐款。香港洋務工會各區的會員工友拿着工聯會發出的勸捐表冊廣泛深入地進行捐款活動。元朗商會統籌區內各界社團人士舉行「華東賑災座談會」，籌款支援華東救災。香港作家協會假中環域多利皇后街三聯書店舉行「文學及藝術作品」義賣，籌款救助災民。商務印書館亦以新書《中國統計大全》，賑災義賣。九廣鐵路捐助部分客運收益所得加上十二個車站善款收集箱所得的錢款救災，約港幣390萬元。

1991年8月2日《人民日報》第1版發表評論員文章〈強大的凝聚力〉，盛讚香港同胞的義舉：

> 血濃於水。港澳台同胞、海外僑胞的賑災義舉也感人至深。到7月29日，香港同胞捐款超過6億港元，創香港歷次募捐的最高紀錄。這使人強烈地感受到他們那熾熱的中國心。這種凝聚力來自億萬人民群眾對中國共產黨和人民政府的高度信賴。

1991年7月27日，香港演藝界在跑馬地舉行長達七小時的賑災「忘我大匯演」，破香港義演籌款最高紀錄。

第四節 襄助國家文教事業

　　港人支持國家建設由來已久。早在新中國建立初期，香港就有許多技術工人返回內地參加國家建設。侯寶璋教授婉拒西方邀請，毅然到北京任教的義舉令人欽佩。

　　國家改革開放以來，香港市民以更大的熱忱支持國家教科文體事業發展。李嘉誠創辦汕頭大學，對該校的辦學贊助達120億港元。包玉剛帶頭捐資創辦寧波大學。邵逸夫通過國家教育部捐款總額約47.5億港元，用以改善內地大量學校辦學條件。王寬誠、李兆基、霍英東、曾憲梓、鄭裕彤、蔣震、新鴻基基金會等也熱心支持國家教育發展，還有無數港人和香港社團通過希望工程、苗圃計劃或其他方式，默默地為國家教育貢獻力量。

一、侯寶璋毅然赴京任教

　　侯寶璋教授（1893－1967）生於安徽省鳳台縣，是中國著名病理學家、中國近代病理學先驅者之一，曾在香港大學醫學院任教十二年。在香港期間，侯寶璋為增進香港與內地的學術文化交流做了大量工作。

1956 年 7 月 27 日，周恩來總理（右一）在中南海懷仁堂，與中華醫學會第十八次全國會員代表大會主席團成員及港澳來賓座談。侯寶璋教授（右二）被安排坐在周總理身旁。

　　1956年7月23日至29日在北京舉行的中華醫學會第十八次全國會員代表大會上，國家衛生部的官員知道侯寶璋是國內外知名的病理專家，殷切希望他能回內地參加新中國建設。7月27日下午，周恩來總理在中南海懷仁堂，同大會主席團成員以及港澳來賓座談。周恩來緊握住侯寶璋的手表示問候；侯寶璋深受感動，回到香港就下定決心回內地服務。

　　1960年，侯寶璋從港大醫學院約滿退休，他拒絕西方國家

的工作邀請，毅然前往北京參加新中國的醫學教育工作。1961年底，侯寶璋獲國務院任命為中國醫科大學（現為中國協和醫科大學）副校長，為國家培養新一代的醫學人才。

二、邵逸夫教育捐款持續不斷

邵逸夫（1907－2014）生於上海，他出身顏料世家，後轉行致力於電影業的發展，在電影界成就斐然。1957年邵逸夫在香港成立邵氏兄弟（香港）有限公司，在清水灣興建有「東方好萊塢」之稱的邵氏兄弟電影製片廠。

1973年，邵逸夫創立香港邵逸夫基金會，幫助社會有需要的人。邵逸夫基金會捐款項目，是海內外愛國人士通過教育部捐款時間最長、金額最大、建設項目最多的捐款項目。1985年至2014年，邵逸夫基金會為內地教育事業捐贈約47.5億港元，建設項目6,013個，遍及全國31個省自治區和直轄市。邵逸夫不僅拿錢辦教育，也支持內地其他慈善事業。例如1996年麗江發生7.0級地震，他捐贈1,370萬港元；1998年長江洪災，他又捐贈2,580萬港元；2008年汶川地震，他捐贈1億港元。

1989 年 1 月 12 日，邵逸夫向內地二十二所大專院校贈款儀式在香港中文大學舉行。這是國家教委副主任滕藤向邵逸夫（左）遞交接納捐款收據。

三、李嘉誠與汕頭大學

李嘉誠生於廣東潮州，1950年創辦長江塑膠廠，1957年長江塑膠廠更名為長江實業（集團）有限公司。1958年，李嘉誠憑塑膠花賺得第一桶金，贏得「塑膠花大王」的美譽，並進軍地產業，日後成為香港的地產大亨。1996年，長江實業（集團）有限公司成為香港上市地產公司之首。

1981年，經國務院批准，教育部、廣東省、李嘉誠基金會三方共同創建汕頭大學，李嘉誠至今支持汕大的發展的所有款項達120億港元。此外，1989年李嘉誠捐贈1,000萬港元，支持

汕頭大學校園一隅（侯覺明攝於 2007 年）。

北京舉辦第十一屆亞運會。1984年至1996年，李嘉誠陸續向中國殘疾人基金會捐贈近7,000萬港元。

四、霍英東與國家體育事業

霍英東（1923－2006）生於香港，原本是貧窮的漁家子弟，通過自身努力，逐漸成為香港的富商。1950年代抗美援朝戰爭時期，霍英東的船隊突破美國為首的西方陣營的海上貿易封鎖，給中國內地輸送了大量急需的物資。後響應國家改革開放的號召，霍英東在內地大量投資，2018年被中央授予「改革開放先鋒」的榮譽稱號。

香港企業家霍英東對我國體育事業做出了巨大貢獻。圖為 2002 年 3 月他向代表中國獲得冬奧會首枚金牌的運動員楊揚頒發重達 1,000 克的金牌。

　　霍英東1977年創辦的霍英東體育基金會，累計為國家體育事業捐資超過五億港元。1984年，霍英東出資十億港元成立霍英東基金會，致力於在內地的投資和捐贈事務。1986年，「霍英東教育基金會」成立，獎勵對中國文教領域有傑出貢獻的師生。

五、何鴻燊捐獻珍貴文物

　　何鴻燊（1921－2020）出身於香港有名的何東家族，早期在澳門創辦澳門火水（煤油）公司，做燃料生意起家，後到香

港發展，合資創辦利安建築公司。1961年，與霍英東等人創辦澳門旅遊娛樂有限公司，之後在澳門博彩業取得巨大成功。

1988年何鴻燊捐獻黃楊木雕達摩像，由故宮博物院收藏。何鴻燊之後陸續捐獻百件中國古代文物予國家。此外，何鴻燊對中國內地的科研事業也多有支持。1990年，出於對祖國「科教興國」國策的支持，由他倡議並出資設立何鴻燊航天科技研究人才培訓基金會。1993年，何鴻燊又出資在河北省廊坊市建造何鴻燊培訓樓，該樓於1995年落成，用於航天科技研究人才的培養。

1993 年 4 月 20 日，何鴻燊出席航天科技人才培訓中心——「何鴻燊培訓樓」奠基儀式。

六、普通市民和團體

無數港人和香港社團通過希望工程、苗圃計劃或其他方式，默默地為國家教育貢獻力量，其中一些警務人員支持希望工程的故事令人感動。

1989年，內地為了落實普及基礎教育發展，改善農村辦學條件，由團中央、中國青少年發展基金會發動全國性的「希望工程」，以救助貧困地區失學少年兒童，並在不少的地方設立希望工程辦公室。

1992年，警務人員林占士、梁永康、姚錦洪、劉達強等到內地參加了一項希望工程步行籌款活動。次年，他們在香港發起成立「希望之友教育基金會」（以下簡稱基金會），成員包括三十八名警務人員。基金會在十年內組織了多次步行籌款，包括貴州行（從貴陽步行到廣西南寧）、陝北行（從西安向北越過定邊及沙漠到達呼和浩特市）及秦嶺行（從西安跨越秦嶺到四川成都），每次籌款所得都在一百萬港元左右，全部用作資助貧困山區的學校。參與步行籌款的同僚及朋友除了要負擔自己所需的旅費外，還要承諾募捐二萬元以上的款項。眾志成城，這個小型的基金會成功創造出籌款助學的良好成績，獲得政府社會福利署的肯定，並給予慈善組織之名。在1997年香港回歸時，基金會連同香港的警務督察協會，在廣西南丹的白褲瑤地區建立數間回歸紀念小學。

1994 年元旦，香港「希望之友教育基金會」、警務督察協會和軒轅教育基金
合作捐資興建的廣西百色市懷念小學教學樓舉行落成典禮。

1997 年香港工聯會延安希望小學落成。

第五節 香港與國家的改革開放

一、改革開放帶給香港發展的新機遇

1978年12月，中國共產黨第十一屆中央委員會第三次全體會議（簡稱十一屆三中全會），確立了「解放思想、實事求是」的指導思想，作出實行改革開放的新決策，開始了中國以經濟建設為中心、全面改革、對外開放的歷史性轉變。

港人積極投身國家的改革開放事業。據統計，香港投資佔中國內地使用外來投資的比例最大，遠超其他地區。香港回歸前的1979至1996年，中國內地實際使用外來直接投資1748.87億美元，其中中國香港佔992.97億美元，中國台灣佔157.34億美元，日本佔138.84億美元，美國佔131.53億美元。港商成為內地最主要的海外投資者，他們的投資額遙遙領先。

中國內地實際使用的外來直接投資（1979-1996）

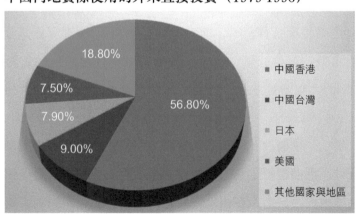

港人參與國家的改革開放，使香港與祖國內地的優勢互補關係進入一個全新的階段，促進了香港與內地經濟的共同繁榮。這一方面為內地帶來了經濟發展急需的資金和比較先進的管理理念，解決了內地的勞動力就業問題；同時也為香港經濟走出發展瓶頸、繼續繁榮提供了前所未有的大好機遇。後者主要表現在以下四個方面：

第一，是令香港轉口貿易復甦並蓬勃發展，成為世界最大轉口港之一。由於中國內地與香港雙邊貿易的發展，香港日漸成為中國內地產品出口的重要橋樑。1988年是香港恢復轉口港地位的年份，該年香港出口總額比重中，轉口貿易（55.86%）正式超過香港本地產品出口（44.14%）。1995年是香港成為世界最大轉口港之一的年份，該年香港轉口值佔到出口總值的91.7%。

第二，香港可以享受中國獨特經濟發展周期帶來的紅利，取得遠超世界經濟增速的增長奇蹟。以1991年為例，世界GDP的增長率只有2.9%，而香港則有20.5%。香港有如此巨大增長比率，得益於兩方面，一方面香港與中國內地的貿易有21.2%的大幅增長，另一方面海外經香港與內地開展的貿易增長31.3%。

第三，中國改革開放政策給以港商為主的外商提供大量優惠條件，港商獲得了在勞動力價格與租金上的競爭優勢，相較香港本地而言，港商在內地投資只需要五分之一不到的工資和

四分之一不到的租金。以廣東省為例，1997年約有400萬工人固定受僱於香港公司開辦的企業。據估計，僅工資支出一項，港商每年便可節省約2,000億港元。

第四，改革開放給香港的大量資本提供了出路。隨着1960年代至1970年代經濟的高速增長，香港積累了大量資本，但由於香港本地市場狹小加上國際競爭激烈，香港資本出路狹窄。改革開放後的中國內地則給了香港資本廣大的投放市場，並且由於港人與內地同胞同文同種，在內地市場發展有其先天的優勢。

1980 年香港美心集團與民航北京管理局合辦的北京航空食品有限公司，是改革開放後國家外國投資管理委員會審議通過的第一家中外合資公司。

廣州白天鵝賓館是霍英東投資興建的中國第一家中外合作五星級賓館

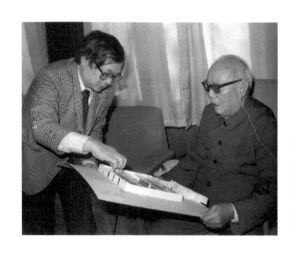

港商胡應湘積極投資廣東的高速公路、發電廠等基礎設施。圖為 1982 年他向葉劍英介紹他的投資藍圖。

二、改革深化與香港更深度融入國家發展

1992年，鄧小平視察南方，發表重要講話，強調「改革開放膽子要大一些，看準了的，就大膽地試、大膽地闖」。我國改革開放邁入新階段，香港也更深度地融入國家改革開放的偉大進程。港商的投資出現了「範圍更廣、企業更優、產業更多、項目更大」的特點。

（一）範圍更廣：改革開放初期，投資主要集中在廣東和福建兩省，之後投資範圍擴大至長江三角洲、環渤海地區、華中、華北等地。

（二）企業更優：最初到內地投資的多為中小企業，現在各類知名大企業，譬如長江實業、九倉、新鴻基地產與和記黃埔等，紛紛到內地投資。

（三）產業更多：改革開放初期，港資主要集中於加工工業和賓館、酒店、旅遊設施和計程車等服務業。之後港資的投資範圍則擴大到基礎建設、基礎工業和第三產業，交通、通信、能源、旅遊、金融、商貿、零售和房地產業都成為港商投資的熱點。

（四）項目更大：港商在內地投資的初期，普遍選擇規模小、技術含量低、回報快的小項目，隨着改革的深化，港商在內地投資的額度大大增加，多數項目都達到幾千萬美元甚至過億美元。

兩地經貿關係已經形成「多領域、多管道、多形式、多層

1992 年 1 月鄧小平視察南方時，視察深圳皇崗口岸。

次」的合作格局。

三、中資企業在香港

　　中資是指來自中國內地的國家資本。1949年中華人民共和國成立前，中銀、華潤、招商、中旅等四家老中資企業已開始

香港新世界集團與內地合資興建的武漢長江二橋於
1995 年建成通車。該橋當時是亞洲最大的雙塔雙索面
鋼筋混凝土斜拉橋。

在香港經營。內地改革開放以後，老的中資機構業務迅速擴
展，中央各部、各省市、經濟特區和開放城市又先後在香港建
立了大批新的公司。到1999年底，香港的中資企業達到1,960
家。

　　1996年底，中國內地在香港的投資存量為148億美元，為

香港第二大外來投資者，僅次於英國。香港中資企業在香港許多經濟領域都佔有重要地位，為香港經濟的穩定與繁榮做出了貢獻。

中國內地設在香港的最大貿易機構華潤集團在灣仔的辦公大樓。

2018 年 11 月 12 日，國家主席習近平會見香港、澳門各界慶祝國家改革開放四十周年訪問團。

四、習近平主席論香港與國家的改革開放

2018年11月12日，國家主席習近平在會見香港澳門各界慶祝國家改革開放四十周年訪問團的講話中指出：「四十年改革開放，港澳同胞是見證者也是參與者，是受益者也是貢獻者。」「國家改革開放的歷程就是香港、澳門同內地優勢互補、一起發展的歷程。」

主要參考書目

余繩武、劉存寬主編：《十九世紀的香港》，北京：中華書局，香港：麒麟書業有限公司，1994 年。

余繩武、劉蜀永主編：《二十世紀的香港》，北京：中國大百科全書出版社，香港：麒麟書業有限公司，1995 年。

劉蜀永主編：《簡明香港史》，香港：三聯書店，1998 年、2009 年、2016 年。

劉智鵬、丁新豹、劉蜀永：《中國概況：香港》，北京：外文出版社、香港：和平圖書有限公司，2016 年、2018 年。

王賡武主編：《香港史新編（增訂版）》，香港：三聯書店，2017 年。

香港地方志中心：《香港志·總述 大事記》，香港：中華書局，2020 年。

劉智鵬、劉蜀永編著：《香港史：從遠古到九七》，香港：香港城市大學出版社，2023 年第四次印刷。

劉智鵬、劉蜀永編著：《香港相冊：回歸 25 年來的歷史記憶》，香港：三聯書店，2022 年。

後 記

　　本書的編寫與香港出版界資深總編輯侯明女士的推動有關。幾年前她就提議我們編寫一本普及性的香港史讀物，只是這些年手頭的研究項目實在太多，有心無力。我們完成了學術著作《香港史——從遠古到九七》的編寫，又作為主編完成了香港志首冊《香港志·總述　大事記》總述的起草和大事記的審稿。侯明也從擔任香港三聯書店總編輯，改任香港中華書局總編輯。我們感覺到了償還這筆文債的時候了，於是在2023年2月與香港中華書局簽訂合約，決定編寫這本《香港史讀本》。

　　本書的時間下限為1997年7月1日，只有個別事件為保持敘事的完整性有所突破。

　　嶺南大學香港與華南歷史研究部的同事張志翔博士、嚴柔媛、李銳恆參加了本書的資料收集和編寫工作。考古學家鄧聰教授審讀了本書考古部分，並提出過重要的修改意見。中華書局副總編輯黎耀強、教育出版分社社長吳黎純、編輯楊歌為本書的編輯出版耗費了許多心血。香港中華書局董事長趙東曉博士、新任總編輯周建華博士也對本書的編寫給予充分的肯定和支持。我們在此對所有參與和支持本書編寫出版的朋友表達謝意。

劉智鵬　劉蜀永

2024年5月1日於嶺南大學

鳴　謝

養和醫院侯勵存醫生
慷慨資助本書編寫經費